壇蜜《ナビゲーター》が選ぶ名場面

だれよりも人間らしい月の姫

月から地上に降ろされたけれど
思うように生きられないかぐや姫に、
「生きる意味を自分に問いかけたり、湧き出る後悔に
苦しむことは地上の人間ならでは」と
着目するのは壇蜜さん。
「竹取物語」をモチーフにした小説で
作家デビューをするなど昔話や伝承に
関心の深い壇蜜さんならではの見方を紹介！

性別をたゆたわせている中性的な美しさ。
でも人間らしさを最も秘めているのは「姫」だと……。

嫌なことがあって駆け出すのは人間の行動です。
逃避じゃなく、すごく能動的に怒りを受け止め、
どこかに移動させる行為なんです。
かぐや姫の怒りの感情だけに押しつぶされ、
色まで忘れてしまったかのように
モノクロの絵になっていました。
とても悲しみあふれるシーンです。

桜の中で解放され幸せそうな様子から一転して、
ぶつかってきた幼児と自分の間に
身分の境界があることを思い知らされる。
そしてまた感情のない顔へ戻っていくんですね。

捨丸と飛ぶこのシーンで、
「この『かぐや姫』はもしかしたらハッピーエンドになるのでは」と
期待したのですが、やっぱり姫は落下していってしまう。
では二人が添い遂げたら幸せだったのかと言えば、
たぶん違う気がする。
ほのかに恋をするとか、憧れた人を大事に思う気持ちは
捨丸がいないと育たなかったけど、
彼がいたがために、そんな感情が都では
邪魔になってしまった……。

月からの迎えが来た時に
女童が子供たちと唄うわらべ唄。
この「まわる」という詞は、
終焉がないという意味にもとれ、
永遠の命を持つ天上の人々がいる
月の時間感覚が写しこまれていると思います。

まわれ　まわれ
まわれよ　水車まわれ
まわって　お日さん
呼んでこい

ジブリの教科書19

かぐや姫の物語

文春ジブリ文庫

ジブリの教科書19　かぐや姫の物語　目次

Part2

『かぐや姫の物語』の制作現場

Part3

作品の背景を読み解く

GHIBLI

ジブリの教科書19

かぐや姫の物語

ジブリのフィルターを通して見た竹取物語

ナビゲーター
壇蜜（タレント）

まず観終わった感想としては、「じゃあ、どうすれば良かったんだ……」と（笑）。もちろんこのお話は知っていて、結末は分かっていましたけど、もしかするとジブリの世界だから展開が変わるのかな、という期待もありました。結局、物語に忠実だったのは、当たり前と言えば当たり前なんですが、作品を観ている最中、〝もしかしたらブレイク〟みたいなものが自分の中で何度もあって。それだけ自分が気になる作品で、かぐや姫に対しては月に帰るエンディング以外のことを期待してしまっていたと思うんです。でも、かぐや姫が月に帰らなかったら都合が悪いことが色々ありますからね。それは帰ってしかるべきだったのでしょう。

私が最初にかぐや姫に出会ったのは保育園児のとき、紙芝居ででした。紙芝居スタンドなるものが自宅にありました。パタンと開けるアタッシェケース型の簡易的なもので、それを使って父がよく読んでくれました。紙芝居では最後に、かぐや姫が翁たちに託した不老不死の薬を燃やしてしまうんですよ。かぐや姫が御門と若干の恋仲になるという部分もありました。御門はかぐや姫が月に帰るのを引き留めたいし、かぐや姫も本当は御門のことを嫌いじゃない、みたいな。恋がかなわない話というのは、まだ小さかったですけど自分の中で初めての経験で、悲しかったですね。シンデレラや白雪姫、眠り姫などは恋が成就しますが、思い人と結ばれない展開の話を知ったのはこのときが最初で、そういうパターンもあるのか、と。

父はイソップ物語が好きで、家にはイソップの絵本が沢山あったんです。母親も保育士で絵本が大好き。両親からはよく話を聞かせてもらった記憶があります。だから私も童話については、わりと詳しいですよ。

今回、ＤＶＤをお風呂に持ち込んで観たのですが、お風呂の蓋に額をバーンと打ちつけて「あ〜、ですよね〜」というのを二、三回やりました（笑）。最初は、かぐや姫が御門に抱きすくめられて、思わず「助けて！」と瞬間移動をしてしまったとき。これは月に帰るパターンだな、と。あとは捨丸兄さんとの現実逃避がかなわなかったとき。さらに最後の、みんなが眠らされてしまうシーン。やはりな、と。あとでよく見てみたら、DVDを観る前よりお風呂の蓋が凹んでいるかも（笑）。

私にとっては、とりあえず額を打ってでも正気を保ちたくなるような映画（笑）。月で生まれた姫の話なのに、彼女がいちばん人間みたいに感情豊かなんですよ。山小屋みたいなところで生まれ育ち、成長していく。幼なじみの捨丸のウチはいわゆる「サンカ」にもちょっと雰囲気が似てますよね。そういう民と知り合い、様々な経験をして、捨丸とは恋仲になり添い遂げてもいいという感情に近いものが芽生えたのに、お家の事情で転居し、環境が変わり、年ごろになって結婚しないといけなくなって……ほとんど当時の人間ですよね。でも初恋の人を忘れられない。結局、結ばれず、最後は御門の強引さに一瞬でも月に帰りたいという気持ちが強くなってしまった。でも生きている意味を改めて自分に問うた時に、やはり月に帰りたくないという思いが後悔のように湧き出てしまう。これはすごく人間ぽい。〝時すでに遅し〟というのは、人間の世界でないとないことだと思うので。有限な時間を後悔しながら、でもリカバーするように死ぬまで生きるというのは人間にしかできません。それは月の人にはできない。人が生きる意味を見出すのは難しいことかもしれません。きちんと理由を持って生きないと、あっという間に心が空っぽになってしまう。いわゆる心の病気は、生きる意味をなくしたり、心に穴が開いたりしたときになるのだな、と。そう考えさせてくれる映画でした。

なぜ共感を抱くのか

このアニメを観るのは今回が初めてでしたが、以前に歯医者さんかどこかの待合室で絵本で読んだことがあり、実はどうなるかは何となく分かっていました。でも映像にしてみると全然違う趣きでしたね。映画の公開時にテレビのドキュメント番組か何かでやっていた、かぐや姫が闇雲に走るシーンのメイキング映像を観て、これはただの竹取物語ではない、とゾクリとしたのを思い出します。

かぐや姫の名づけを祝う都での宴で、「もらい子」や「本当に美しいのか」と自分の噂をする人々の話を聞いてしまう。それが彼女がはじめて世間や俗に触れてしまった瞬間で、ピュアな人だから、しんどかったのでしょう。それで走って行った。正直に生きてきたのに、途端に嘘つきと言われてしまったようで辛い。怒りで我を忘れて疾走するシーンは、かぐや姫の怒りの感情だけに押しつぶされ、色まで忘れてしまったかのようにモノクロの絵になっていました。とても悲しみあふれるシーンです。

ちなみに自分が駆け出したことがあるのは、高校時代に大雨が降った時。厳しい学校だったのですが、たまたま私たちだけ遅くまで残っていて、みんなでワーッと「勉強ばっかり！」みたいな感じで。でも、ただずぶ濡れになってハッと我に返り、あとで全員で先生に「何してるの!!」と怒られました（笑）。

駆け出すって、逃げるんじゃないんですよね。逃避じゃなく、すごく能動的に怒りを受け止め、どこかに移動させる行為なんです。そして、嫌なことがあって駆け出すというのは、人間の行動です。都でかぐや姫を取り囲む人々みんなの感情が薄く感じるほどだったので、彼女の人間らしさを強く感じました。

何かをあきらめたり、失望したり、疲れ切ったりすると、人は目の前の抵抗していたものに対して、抵抗をやめてしまいますよね。かぐや姫がそうやって従順になるシーンというのが映画では何回か出てきます。たとえば、お花見のシーンで、かぐや姫にぶつかってきた幼児とその母親がいます。かぐや姫からすれば、一緒に遊ぼうよ、という気持ちだったと思いますが、ただひたすら母親から謝られてしまう。その瞬間に「ダメだ、もう帰ろう」となります。身分制度がはっきりしていた時代だから仕方がないのですが、一緒に遊ぼうというひと言も言えない。彼女はうまくやれない人だと分かります。うまいやり方を知らない人、というのが正しいのかな。

でもこの花見のシーンは本当に綺麗で、楽しそうですよね。しかし親子とのことがあってショックを受けて、しかもその帰りに捨丸と偶然再会し、物を盗んで捕まって傷めつけられてしまう彼のことを見かける。そこでも泣くばかりで許してやってくれとは言えないんです。

この捨丸は、どんな場面でもかぐや姫の拠り所ですよね。ただ、二人が添い遂げたら幸せだったのかと言えば、たぶん違う気がします。かぐや姫が流浪の民のような人と一緒になるのは、翁と嫗のもとを離れるということだから、二人が一緒に逃げてしまえばよかったのに、ともなりません。ほのかに恋をするとか、憧れた人を大事に思う気持ちは捨丸がいないと育たなかったけど、彼がいたがために、そんな感情が都では邪魔になってしまった。だから、かぐや姫の拠り所であり、ある意味弊害でもあり、というのが捨丸の存在なのではないでしょうか。

山から都に来て、翁が変わってしまったのはある意味、使命感からですよね。嫗のほうはかぐや姫とは女同士で分かり合えるところもあったようでした。今も昔も変わらないですね。父親は出来れば娘を良いところに嫁に出したいけれど、母親は幸せになってくれればそれでいいと思う。現代のお家だとあまりないかもしれませんが、昔は今より、父として娘が玉の輿にのれたらいいと強く思うお家は多かったのかもしれません。

親から嫁に行け、とは私はあいにく言われたことがありません（笑）。自立していればそれでいい、みたいな家でした。でも私は一人っ子なので、父親はこうやって心配をしてくれたのかも……。月に帰ったかぐや姫にもし人の心の名残があるのだとすれば、「今だからこそ分かる」と思うかもしれません。自分が今までしてきたことへの後悔とか、本当はこういう気持ちで幼い頃の私に接してくれていたんだ、といった手遅れの答え合わせを大人になった今している、という意味で私もかぐや姫に共感を抱くのでしょうか。

中性的な面立ちの魅力

印象に残ったのは、かぐや姫が幼少の頃、翁と嫗が二人で「もらい乳」をしに行く場面。自分たちではどうしようもなく、もちろん粉ミルクもない時代なので、上等の竹のざるとお乳を物々交換しようとするわけです。ただでは悪いからと考える優しい人たちということが伝わってきます。しかし、お金じゃないんですよね。小さなことなんですが、とてもあたたかみを感じます。

あとは、幼なじみの子たちと一緒に歩いていて、喉が渇き、畑の瓜を盗むシーンがありますよね。やっているのは悪いことなんですけど、捨丸のお家の事情みたいなものがなんだか切実に伝わってきました。

こういう生々しい幼少時代がある分、都での暮らしは無機質です。かぐや姫は高貴の姫君になるためのレッスンを日々受けますが、教えられたことを本当は要領よくこなせるのに、わざと出来ないように無邪気にしているところが可愛いな、と。ただのやんちゃでお転婆な子供なのではない。思いのほか絵を描くのも上手いんですよ。

当時は男性と女性のすべきことがはっきり分かれていたので、現代の女性からすると、「何てこった」という感情が芽生えますよね。こんな時代があったのか、と。嫁に行っても何をするわけでもない。誰とも会わず、静かに暮らす。美しいとか言われつつ、実はほとんど誰にも見られたことがない。まあ、顔をさらさずに済むのなら便利ですが。上手に歌を詠めたり、お琴を演奏できれば何とかなる。ウィークポイントの挽回が可能な社会なのかも。

それと、そこそこ大きくなって成長が一見止まったかのようなかぐや姫の顔が、本当は凜々しい男性なんじゃないかと思える瞬間があります。すごく女性らしい格好をして、声も美しいのに、どこか中性的に見えて、笑った顔も女性らしいというよりは、もう少し幼い感じもして。真剣な顔のときでも女性のようにも男性のようにも見える。大きくなったかぐや姫に中性的なものを感じました。だからこそ男女みんなが美しいと認めるお姫様になったのかな。まつ毛が長く、唇が分厚く、丸顔の女っぽい顔だったらまた印象が違ったでしょう。びっくりするくらい顔が整っている方って、何となく男女共に通用しそうな雰囲気を私はいつも感じるんです。正面を向いたかぐや姫の顔なんて、ちょっと少年ぽいですよね。昔読んだ漫画『リボンの騎士』や『ストップ!!ひばりくん!』の主人公の中性的なムードにも惹きつけられましたが、かぐや姫のような異世界の人で中性的な面立ちというのは魅力があると思います。生理が来て大人になったと言っているのに発育している感じがあまり見られず、どこか少年の要素が残っているところに妙に危うい美しさがある。それがすごく綺麗に見えるんです。大丈夫かな、私変な人みたいですかね（笑）。

月の世界から降ろされて

映画のコピーが「姫の犯した罪と罰」。これはダブルミーニングですよね。月で何をしてどうなったかという罪と罰と、あとは地球で何を見ないことにしたためにどうなったのかという罪と罰。結果、彼女は悪者みたいになっていますけど、その罰を全部背負って私たちに見せるというのが、かぐや姫の本質です。かぐや姫は、おそらく月では煩わしさとか穢れみたいに思われている感情を持ったがゆえに、その感情がある世界、つまり地球に降ろされてしまったのだと思います。じゃあ、そこでそれを学んできなさい、と。だから、月の者でも何人かに一人はそういった人間の感情に似た素養を持った者が生まれていることが話の中から予測できます。この先もかぐや姫のように月の世界から人が降ろされることはあるのかもしれません。

月の世界は、たぶん繁殖をしなくていい世界なんですよ。ずっと初期メンバーでやっていけるような世界。天女がいて、王がいて、お使いの者がいて、それで永遠の命。

まわるという言葉が歌にもいっぱい出てきますが、そこにも月の名残のようなものがあります。終焉がないというか、「まわる」「めぐる」はたぶん月の時間感覚の言葉ですよね。

かぐや姫は途中まででしたが地球で人間と同じように育ち、そこで感情も芽生えた。人間からすると、それを全部忘れてしまった世界というのは、想像がつきそうでつかない。感情もない。煩わしいことが何もない、初期メンバーだけでやっていける世界。成長も老いもない終わりのない世界なんて。

それに近い感情というか、自分にも感情がなくなってしまったような経験はあります。たとえば私は無職だった時代が二カ月くらいあるのですが、そのときに辛かったかと言われたら、そこまで辛くはないんですよ。無感情です。しかし、ずっと自分の家の庭でクチナシの木にとまるヒヨドリを見ていたのは覚えています。そのうちクチナシの枝って細いんだなとか、ヒヨドリって大きいなとか感じていました。だから、無感情の中にもきっと見えているものとか発見があると思っています。社会性を切り離した刺激がない世界でも、何か自分の中で刺激を作ろうとするんですね。無感情になり切れずに小さなことでも色々と考えようとするのは、別にそれが辛いわけではないと思います。地球にいるからこそ、その良さも悪さも分かるわけですから。何も感じないって難しい。

ラストシーンは胸をしめつけられました。途中で皆は眠らされてしまっているのに、女童がいない場面がありますよね。彼女は長刀を持って月からの一行を待ち構えていて、眠らされていたはずなのに、いつのまにか子供たちを連れて来て一緒に歌い始める。自分だけではかぐや姫のことを引き留められないと考え、捨丸や子供たちと歌っていた歌をどこかで聞いて覚えて、もう一度かつての楽しかった場面をかぐや姫に疑似体験させようとしたのではないでしょうか。彼女は、かぐや姫が機織りをしたり、傷ついて泣いたりしていたのを、ずっと見ていたのでしょう。口には出さないけど、かぐや姫のことを大事な存在として、本当は行ってほしくないという気持ちを表に出さずに色々なことを考えていたんだな、と思いました。翁と媼は育ての親だから、行ってほしくないと言います。しかし一方で、女童は引き留める方法が何かないかとずっと観察をしていたのでは。かぐや姫は主要な人物からのみならず、皆から大事に愛されていた。そのことが彼女の月に帰るうえでの大きな名残惜しさにもなる。それも罪ですよね。

月からの使者たちの場面では思わず、隠れジブリキャラクターを探してしまいました。『魔女の宅急便』のキキとかいたら、ちょっと嬉しかったかもしれません（笑）。

2次元から2・5次元へ

スタジオジブリの作品は『ゲド戦記』以外、ほぼ全部観ています。『ゲド戦記』は中学生のときに小説を読んでとても怖くて、いまだに手を出せないのですが。

いちばん好きなのは何だろう……迷いますが、高畑監督の『平成狸合戦ぽんぽこ』ですね。私たちが生きていること、生きて普通にまじめに暮らしていることが、他の生き物をこんなに苦しめているなんて、と思わされたのはあの作品が初めてでした。最初に観たのが十代で、これまで四、五回は観ています。

迷ったもうひとつの作品は、『風の谷のナウシカ』です。観たのは小学生のときで、自分が虫を好きなこともあるのか、ミカンを剝いて半分にして、机に置きながら「怒っているオーム」とかやってました（笑）。ナウシカは美しくて博識で、でも孤独で。誰にも頼れない。こんなお姫様もいるんだ、と思いました。ナウシカはしなくてもいい苦労をし過ぎですよ。

かぐや姫の話に戻りますが、竹取物語が色々な伝説になる理由が分かります。疑問とか疑いといった感情、本当にこれでいいのだろうかという気持ちにさせられる作品だし、かなりパラレルワールド的な作品でもありますよね。だからみんな、様々なインスピレーションが湧くのでしょう。そういう皆が知っている竹取物語を今回アニメで観て、2・5次元になったというのかな。3次元とはちょっと違うけど、2次元からはちょっと離れたというのが、このアニメーションの最大の魅力じゃないかと思います。みんなが聞いたことのある声（俳優さんの声ですね）、見たことのある趣きの絵で、かぐや姫という世界と安心してじっくりと向き合えたから、我々の感情の中で2次元が2・5次元になった気がします。たとえば、阿部右大臣役の伊集院光さんの声は普段からテレビやラジオで良く聞きますよね。それが実際に似た姿の絵で、しかもジブリの世界というフィルターを通して本人の声で登場すると、ああ、実際にこういう人がいたんだな、ということがより色濃く妄想できるようになる。脳内で再現される自分だけのかぐや姫の世界ができる。漫画や紙芝居よりもイメージがもっと前にせり出した感じになるんです。せり出した世界は、彩りも立体感も絶対に増している気がします。ジブリのフィルターは想像力と心を豊かにするフィルターなのかも。

だん・みつ◉本名・齋藤支静加。一九八〇年秋田県生まれ。東京都育ち。昭和女子大学卒業後、調理師免許を取得、また冠婚葬祭の専門学校にも通う。和菓子工場、銀座のクラブホステスなど様々な職業を経験した後、二〇一〇年に二十九歳のグラビアアイドルとしてデビュー。独特の存在感でまたたく間にメディアに注目され、二〇一三年には映画『甘い鞭』に出演、日本アカデミー賞新人俳優賞を受賞。二〇一六年、オール讀物に「竹取物語」をモチーフにしたオリジナル小説「光ラズノナヨ竹」を発表。著書に『蜜の味』『エロスのお作法』『はじしらず』『どうしよう』など。文春文庫刊の書下ろし『壇蜜日記』計四冊も好評発売中。

Part1

映画『かぐや姫の物語』誕生

一九九九年公開の『ホーホケキョ となりの山田くん』以降、高畑勲監督の次回作は何になるのか。誰もが予測していたことだが、一筋縄ではいかなかった。題材はもちろん、スタッフや仕事場となるスタジオの確保も含め、企画検討はされつつもなかなか進まなかった。だが日本テレビの氏家齊一郎会長が高畑作品をもう一度見たいと熱望したこともあり、徐々に具体化し始める。折しも宮崎駿監督『風立ちぬ』の制作時期と重なり、結局、同時公開こそ実現しなかったものの、二〇一三年に完成した同映画は話題となり、海外でも高く評価された。そしてこれが高畑監督の最後の作品となった——。

スタジオジブリ物語『かぐや姫の物語』

『平家物語』から『竹取物語』へ

『かぐや姫の物語』は『ホーホケキョ となりの山田くん』以来十四年ぶりとなる、高畑勲監督の劇場用長編アニメーション映画である。

一九九九年の『山田くん』公開以降、高畑監督の次回作については様々な検討がされてきた。まず、二〇〇〇年代前半には、以前から高畑監督が映画化を考え続けてきた『平家物語』が最有力企画として検討された。だが、結局取り止めとなる。高畑監督は、『山田くん』で絵コンテ・場面設定・演出を担当した田辺修に次回作でも作画の中心になってもらいたいと考えており、高畑監督にとって欠かすことの出来ない最重要スタッフだった。しかし田辺は『平家物語』に難色を示した。この作品において戦のシーンは必須だが、田辺は暴力的なシーンを描く気にどうしてもなれなかったのだ。また、もう一つの理由として、膨大な甲冑や武具を描ける作画スタッフを揃えることの困難さもあったようだ。

ここで『竹取物語』の企画が急浮上する。鈴木敏夫プロデューサーの記憶によるとそれは二〇〇五年頃とのこと。提案者は鈴木だったが、それは、『竹取物語』をいつか映像化するべきだと、以前から高畑監督自身が言っていたことを思い出したからである。

実は、高畑監督にとって『竹取物語』は、遡れば半世紀に及ぶ歴史がある企画だった。高畑監督が東映動画（現・東映アニメーション）に入社して間もない頃、内田吐夢監督による『竹取物語』漫画映画化の企画が持ち上がり、社員全員からその脚色プロット案を募るということがあった。内田監督は実写の大監督だが当時は東映所属だったので、子会社の東映動画でそういう企画もあったらしい。高畑監督は当初『竹取物語』に特に興味があったわけではなかったが「かぐや姫はいったい何故、何のために地上にやって来たのだろうか」を考えるうちに、興味が強く湧いてきたそうだ。そして、かぐや姫が地上にやって来る前に、月ではこういうことがあった、だから姫は地上にやって来たのだ、というある設定を考え出した。結局この映画は制作されなかったが、この時高畑監督は、『竹取物語』のアニメーション映画化は面白くなり得るとはっきり感じ、日本最古の物語であるこの作品の映像化は、いつか日本人がきちんとやるべきだと、折に触れて思うようになったそうだ。鈴木はこの話を思い出し、それで二〇〇五年にこの企画を提案した。こうして『竹取物語』の映画化がジブリで検討され始める。

若手の参加と企画の頓挫

その頃、高畑監督の専任担当者として、二〇〇五年二月にジブリに入社した若手の岸本卓が任命されるというもう一つの動きがあった。高畑監督の企画を進めるには時間が掛かる。誰かが監督の話し相手になって、膨大なやりとりを毎日続けることで、企画が形になっていくプロセスが必要なのだ。ここ数作の高畑作品は、その役割を鈴木が担っていたが、今回は岸本がそれを担当することとなった。なお、この時点で、田辺が作画の中心になることは決定していた。というか、次期高畑作品はそれがすべての前提だった。以後、岸本は、高畑監督の話し相手を務めながら、第4スタジオ（通称「4スタ」）にいる田辺のところにも通い、『竹取物語』の企画を進めるべく奮闘を続けることになる。4スタというのはほとんど語られることがないが、ジブリ四番目のスタジオとしてその頃すでに十年以上継続していたスタジオだ（その後二〇一六年に撤収）。第1スタジオ等から徒歩十分くらいの、中央線の南側の場所に存在していて、他のスタジオはジブリが建てた建物であるのに対し、4スタは普通の民家を借りたものだった。優秀だけれど、ジブリの通常のスタジオに入って仕事をするのを望まないアニメーターのために、少し離れた場所に別途建物を用意したわけで、仕事内容もジブリ作品限定ではなかった。田辺はその4スタの責任者でもあり、彼を中心に4スタは運営されていた。後に『かぐや姫の物語』に参加した作画の主力メンバー数名は、4スタにいた人達であった。

さて、後に『かぐや姫の物語』に結実する企画がやっとスタートしたが、絵が上がらなかったため、二〇〇五年暮れにこの企画は一旦流れてしまう。高畑監督自身は絵を描かないので、絵の担当者とやりとりしつつ、彼が描いた絵を手掛かりにいつも企画を進めていく。しかし田辺はどうしてもこの時『かぐや姫』企画の準備用の絵が描けなかった。平安時代のイメージが湧かない、というのが主な理由だったそうだ。また、高畑監督はこの時期、まだ監督をやるとは明言していなかった。岸本が初めて高畑監督に会った時、〝『かぐや姫』の企画はいい企画だと思う、しかし自分がやるとは言っていない〟と監督から言われたそうで、この頃はまだ、高畑の監督就任は未確定のまま、ひとまず話は進めようという状態だった。『かぐや姫』の企画が進まないため、二〇〇五年暮れに、岸本は翌年公開の宮崎吾朗監督作品『ゲド戦記』を担当することになり、この企画は一旦消滅する。

新企画が浮上

『ゲド』公開後、岸本は志願して再び高畑作品担当に戻った。さらに二〇〇六年十一月、西村義明が新たな高畑監督担当として岸本と共に関わることになった。西村も当時まだ二十代の若手だったが、ジブリには二〇〇二年に入社し、それまで主に宣伝関係を担当してきていた。西村が参加してからすぐに、鈴木は新たな企画の提案をした。それは山本周五郎の『柳橋物語』。江戸末期を舞台にした時代小説で、庶民の人情と恋を描き、火事が重要な転機となるお話だ。田辺がこの頃、明治時代の人々の動きに興味を持っていたので、それに近い時代だ、ということと、火の表現に高畑監督が興味を持つかもしれない、といったようなことを考えての提案だった。この提案は一つの結果を生み出す。本を読んだ田辺が、岸本の働きかけで初めて絵を描いたのだ。二〇〇七年二月、田辺の描いた『柳橋物語』のキャラクターの絵を前にして、高畑監督、鈴木プロデューサー、岸本、西村の四人が話し合いをした。高畑監督はその絵に感心したものの、この絵では長編アニメーションは出来ない、また、自分はこの作品をやるつもりはないと話し、替わりに「子守唄」の企画を提案する。

紆余曲折による収穫

「子守唄」の企画、それは赤坂憲雄著『子守り唄の誕生』を原作とした企画だった。この本は小説ではなく学術書で、かつて日本に存在した子守りの少女たちが歌っていた子守唄について、五木の子守唄を中心に叙述した本である。この本を題材にしてイメージを膨らませ、エピソードを組み立ててストーリーにし、映画を作ろうという野心的な企画提案。高畑監督が以前から抱いていたものだったが、明治期を描くというのは田辺の志向性とも合っているということで、『柳橋物語』の対案として監督から出された案だった。こうして周五郎作品から一転し、「子守唄」の企画検討が開始された。「子守唄」の企画検討は四百日以上続き、その間に二回、熊本県の五木村にも取材に行っている。集めた資料も膨大。しかし、結局この企画も見送られることになった。いくつかのエピソードをまとめて、一本の映画にするための枠組みがどうしても固まらなかったためである。しかしこの企画検討中に、田辺がいくつものキャラクターを描き上げたのは収穫だった。特に子供と赤ん坊のキャラクターは、『かぐや姫の物語』前半のあり方に大きな影響を及ぼしている。また、この企画検討中に、高畑監督は監督をやることを岸本と西村の二人に対して了解した。「子守唄」の企画は、決して無駄にはならなかった。さらに、この企画を進める過程で、当時日本テレビ放送網の会長だった氏家齊一郎の後押しも一層明確になってきた。氏家は高畑作品のファンであり、高畑監督の新作をぜひ観たい、そのためには支援を惜しまない、と鈴木に話した。高畑監督の劇場用新作制作のための外的な環境は少しずつ整い始めていた。なお、氏家は残念ながら二〇一一年三月に亡くなるが、最終的に完成した『かぐや姫の物語』には「製作」としてクレジットされている。

脚本家・坂口理子の参加

そうした状況下、二〇〇八年春、高畑監督は改めて企画を『かぐや姫』と定めた。しかし、準備用の絵がなかなか上がらない状況が続いた。二〇〇八年八月、高畑企画を三年以上頑張り続けてきた岸本が遂に自ら降板を選択。西村のみが高畑監督担当として残った。一人になった西村は、誰かもう一人が必要だ、そしてこの状態を進めるにはまずシナリオを作るのがカギだと思い、旧知の脚本家Aに連絡。高畑監督と会ってもらい、Aの参加が決定する。二〇〇八年十月には滋賀県大津市に高畑・田辺・A・西村でシナリオハンティングに行き、十月末にはAによるプロット第一稿が完成。その後も脚本会議を続け、二〇〇九年一月末に脚本化作業に着手。二月二十一日にAによる初稿が完成する。『かぐや』の企画で全編のシナリオが上がったのはこれが初めてで、その点は画期的だった。また、脚本化作業の中で、田辺がかぐや姫を含む複数のキャラクターの絵を描き始めたのも大きな前進だった。しかしこの脚本は高畑監督の意向とズレが大きく使えないと判断され、Aの仕事はここまでとなる。高畑監督は、一人で自ら脚本を書くべく執筆に着手する。が、なかなか進まない。六月になってもやっと約九分の進捗だった。

そこで七月に、新たに脚本家・坂口理子に参加を要請することになった。坂口を選んだのは、二〇〇八年のNHKドラマ『おシャシャのシャン！』を観て感心した高畑の希望によるもので、坂口はいくつもの賞を受賞している実力派。幸いにも坂口と高畑監督はうまくかみ合ったようで、坂口は八月九日に十九ページのプロット案を提出、それを読んだ高畑監督は、「こういう映画だったんですね」ともらしたと言う。坂口はその後、脚本執筆を開始する。なお、坂口の参加以降、脚本会議には田辺も出席するようになる。また、九月には作画監督の小西賢一の企画参加も決定している。坂口に参加を要請した頃、高畑監督は『かぐや姫の物語』の企画書を改めてまとめた。

じわじわ進み始めた絵コンテ

さて、二〇〇九年九月二十九日にジブリ制作部門の中枢と言える第1スタジオ二階に『かぐや』の準備室が開設される。『借りぐらしのアリエッティ』の米林宏昌監督、『パン種とタマゴ姫』の宮崎駿監督が同じフロアで作業するその隣で、高畑、田辺が机を並べ、小西が顔を出し、週三日のペースで坂口が通って脚本作業は続けられた。十月二十日、坂口の脚本初稿アップ。読み合わせをしたら三時間半あったので、高畑・坂口・西村の三人で翌週に協議して二時間半にまで削り、これをもって準備稿アップとした。こうして高畑・坂口の共同脚本でこの作品の準備稿がまとまった。この準備稿を読んだ鈴木は宮崎駿とも相談の上、正式にジブリで制作することを決定。二〇〇九年十月二十八日の社内会議でその旨を発表した。ちなみに、高畑監督が禁煙した、というトピックがあったのもこの頃だ。

しかし、制作そのものはその後も単純には進まなかった。二〇〇九年末の段階で、絵についてはは翁の家、翁と媼のキャラクターがやっと固まってきたという状態だった。

この頃、高畑監督は映画の画面スタイルの方向性について頻繁に話題にするようになる。キャラクターは鉛筆の線を生かして、線の向こうに本物がある、と感じさせるようなものを。背景美術は淡彩で。そして山の生活が生き生きと感じられるものを。結局のところ、そうした美術を実現できる人は一人しかいなかった。男鹿和雄である。アニメーションの背景美術の第一人者であり、『となりのトトロ』『おもひでぽろぽろ』などで美術監督を務めた男鹿。しかし男鹿は『もののけ姫』以降、もう十数年美術監督をやっていなかった。二〇〇九年末のある日、西村は男鹿を説得しようとして長時間話し込み、『借りぐらしのアリエッティ』の仕事が終わったら考えてみる、という約束を取り付ける。

さて、二〇一〇年になった。前年末より田辺は一人で絵コンテ制作を開始したが、その後、高畑監督と二人での作業に切り替わる。三月末、七週間かけて総計九分の絵コンテが完成。その後も絵コンテ制作は、極めて遅いながらもじわじわと進められた。四月になり、坂口が再び参加して脚本を手直しし、十六日に準備稿を脱稿して製本へ。時間にして二時間半の準備稿は、関係者の間で大変な好評ぶりで、西村プロデューサーは大きな手応えを感じた。その翌月、西村は『かぐや』準備室の引っ越しを鈴木から命ぜられる。本作の制作中、ジブリでは常に別の長編を同時に制作中であり、そのため、小金井市梶野町のいつものスタジオとは別の場所に制作現場をいずれ設ける必要があった。

そろそろ『かぐや』専用の場所で作業を始めるべき時期が来ていた。西村は東小金井駅南口近くのビルの二階に程よい物件を見つける。

男鹿和雄が美術監督に

二〇一〇年六月七日、『アリエッティ』の作業を終えた男鹿を訪ねて、高畑監督は美術監督就任を要請。男鹿は受けてくれた。前年十月末の映画化正式決定から七か月半が経過していたが、男鹿の参加確定で、この作品の輪郭がはっきりしてきた。そして六月十二日、新スタジオ「かぐや姫スタジオ」(通称「かぐスタ」)がオープン。スタッフも増えて、制作準備作業が徐々に本格化する。二〇一〇年秋には高畑監督の提案で、どういう映像を目指すのかを把握するためにテストカット数カットを制作。さらに鈴木の指示により、パイロットフィルムの制作を行うことになった。通常のパイロットフィルムと違い、この時は、目指すべき映像を可能にするため、実際の制作作業をどう行うべきかの検証に主眼が置かれた。いわば本編の一部として数カットを先行して制作するような試みだ。二〇一一年一月十七日からパイロットフィルムの作画イン。なお、この時点で絵コンテは約四百カット、約三十七分が出来ていた。しかしパイロットフィルムの制作中、東日本大震災が発生。地震の直接的被害はなかったが、第1スタジオ等と違い、東小金井駅南口の地域は計画停電の実施があったので、かぐスタはしばしば停電に悩まされた。四月二十八日、パイロットフィルムの試写。その制作と並行して、かぐスタは本編映像の制作に本格的に取り組むようになる。

本作の特徴の一つに、独特の映像表現がある。いわゆるセル画風の画面とはまったく異なる、キャラクターと背景が一体化し、まるで一枚の絵が動くような表現。また、スケッチのような線で描かれたキャラクターがそのままで動くことで、生命力を強く感じさせるアニメーション。一見シンプルでありながら、高い画力と膨大な手間、そして最新のデジタル技術によって生み出された本作の映像は、高畑監督の前作『ホーホケキョとなりの山田くん』の成果を踏まえつつも、監督の飽くなき探求心と、田辺修、男鹿和雄を始めとする優れたスタッフ達が全力を注ぐことで初めて可能になった表現であり、アニメーションの新たな到達点となった。しかし、このスタイルを貫き通して一本の劇場用長編映画を制作するには多大な労力と時間を要するのもまた事実であり、スケジュールは常に厳しい状況にあった。

なお、スタッフについてだが、制作現場と同様に、同時進行中のもう一本の長編があるため、常連ジブリスタッフの多くはそちらに参加しており、本作はいつもとは一味違うスタッフ編成となった。メインスタッフのうち、色指定の垣田由紀子と撮影監督の中村圭介は T2studio の所属であった。

声の出演者

日本のアニメーションはほとんどの場合、声の録音をアフレコで行うが、高畑監督は以前から、より実感のこもった自然な演技のために、声を先に録音しその音に合わせて作画するプレスコの手法を積極的に採用しており、本作もプレスコ中心で録音が行われた。キャスティングの検討は二〇一一年春にはすでに始まっており、主役のかぐや姫はオーディションで選ぶことになって、ゴールデンウィークの頃に実施されたがなかなか適当な声に出会えない。かぐや姫にふさわしい、〝受け身ではない意志のある声〟が見つからなかったのだ。そんな時、オーディションに現れたのが朝倉あき。朝倉の声を聴いた高畑監督と西村プロデューサーは「彼女なら可能性がある」とうなずきあった。朝倉はオーディションの後、落ちたと思って駅までの道を泣きながら歩いたそうだが、高畑監督は結局、「声の悲しみ方が良かった」という理由で数百人の候補者の中から朝倉を選んだ。

二〇一一年八月、ジブリの試写室でプレスコを開始。朝倉あきの他に、翁《おきな》役の地井武男、媼《おうな》役の宮本信子、相模《さがみ》役の高畑淳子、斎部秋田《いんべのあきた》役の立川志の輔、石作皇子《いしつくりのみこ》役の上川隆也、大伴大納言《おおとものだいなごん》役の宇崎竜童、車持皇子《くらもちのみこ》役の橋爪功らがそれぞれ録音を実施。九月には捨丸《すてまる》役の高良健吾、御門《みかど》役の中村七之助、阿部右大臣《あべのうだいじん》役の伊集院光のプレスコを行い、以後、それらの声に沿って作画が行われた。二〇一二年六月二十九日、翁役の地井武男が亡くなったが、ほとんどの録音は済んでいたため、地井はそのまま翁として本作に出演することが出来た。なお、わずかながら追加録音の必要があったため、三宅裕司がその部分を担当している。さらに二〇一二年八月には女童《めのわらわ》役の田畑智子、炭焼きの老人役の仲代達矢のプレスコを実施。そして映画がほぼ完成に近づいた二〇一三年九月、多くのキャストが補助的なアフレコを行い、北の方役の朝丘雪路も録音を終えて、声の収録が完了した。本作は高畑監督のこだわりにより、声の録音も通常よりはるかに長い期間と手間がかかっている。

公開に向けて

本作の制作については、二〇〇九年八月に、ロカルノ国際映画祭に名誉豹賞受賞のため出席した高畑監督が、『竹取物語』に基づいた映画を準備中であると明かしたため、以後ファンの間では、恐らくそうだろうということで囁かれてきたが、公式発表はしばらくないままだった。その間、前述のように制作は本格化し、かぐスタが手狭になったため、二〇一二年二月にはさらに新しいスタジオ「第7スタジオ」（通称7スタ）に引っ越しを実施、六日から7スタは稼働を開始した。7スタは東小金井駅南口から徒歩十数分の三階建のビルで、かぐスタと違い建物一棟をまるごと借りて、本作制作のために特化した改造を行った。そして二〇一二年十二月十三日、本作の正式な製作発表が行われた。『風立ちぬ』の発表と同時であり、その時点では二〇一三年夏に二本を同日公開すると発表。一九八八年の『火垂るの墓』『となりのトトロ』以来二十五年ぶりの高畑作品・宮崎作品同日公開ということで話題を呼んだ（但し今回は二本立ではなく別々の劇場）。この二本同日公開の発表は、西村プロデューサーによると「高畑さんを奮起させ映画を完成させるための、鈴木さんとぼくの大博打だった」（劇場用パンフレット等に収録の「映画監督・高畑勲との八年」より）とのことで、これを聞いた高畑監督は「青天の霹靂だ」と憤ったという。二〇一二年末に完成していた絵コンテは千二十カット強、約九十六分で、約三百カットが残っていた。結局、厳しい制作状況に鑑み本作の公開を秋にずらすことを決断、二〇一三年二月五日にその旨が公表され、『風立ちぬ』公開後の八月十九日、本作の公開日は十一月二十三日と正式に発表された。

音楽

本作の公開延期は作品の内容にも影響を及ぼした。それは音楽である。久石譲は以前から高畑作品への参加を熱望しており、高畑監督も本作の音楽候補として久石の名前は意識していた。もともと、『風の谷のナウシカ』で久石を推したのはプロデューサーだった高畑監督であり、『かぐや』制作中も、『悪人』での久石の仕事ぶりを評価していた。しかし『風立ちぬ』と同時公開では二本同時に久石が音楽を担当するのはさすがに無理ということで、当初は本作の音楽を久石に依頼することはなかった。しかし公開延期が決定し、大変ではあるものの不可能ではない状況となったため、遂に高畑監督作品への久石参加が実現したのだった。

主題歌を担当したのは、現役の僧侶という異色の肩書を持つ広島在住のアーティスト二階堂和美。高畑監督が朝日新聞のレコード評で二階堂のアルバム『にじみ』を知り、すべてのアルバムを買い揃えて聴いて、二階堂の歌に強く惹かれたことから、主題歌を依頼することになった。二階堂は二度ほどの打ち合わせを経て高畑監督の求める曲を作り上げ、二〇一三年三月、地元広島で高畑監督立ち会いのもと、お腹にもうすぐ生まれる赤ちゃんを宿した状態で主題歌『いのちの記憶』をレコーディングしている。なお、高畑監督は三・一一以降、自分は演出家として責任を果たすことが出来るのかという疑問を感じていたが、『いのちの記憶』を聴いてその疑問は消えたという。この曲のおかげで、本作が三・一一以降に相応しい、人間と地球の連帯を表す映画になると確信したそうだ。

完成と公開、そして……

絵コンテは二〇一三年三月二十三日に一旦アップしたがその後数カット微調整があり、

最終的に千四百二十三カットとなった。その後も厳しい追い込みの日々が続いたが、二〇一三年十月三十日、企画開始から八年の歳月を経て、遂に初号試写を迎え映画は完成した。総尺百三十七分はジブリ映画で最長である。高畑監督は自ら本作を評して、アニメーション作品として「今日のひとつの到達点」「一種の夢の実現」と述べている。十一月二十三日（土・祝）、四百五十六スクリーンで公開。国内はもとより海外でも高く評価され、米アカデミー賞長編アニメーション映画賞にノミネートされた。なお、役目を終えた第7スタジオは撤収することになり、二〇一四年一月十七日に高畑監督や男鹿らも出席して閉所式が行われた。

公開から四年以上経った二〇一八年四月五日、高畑監督は八十二歳で逝去。本作は高畑監督の遺作となった。

（敬称略）

汗まみれジブリ史

今だから語れる制作秘話！

高畑さんとの勝負だったこの映画。いまでも緊張の糸はほどけない

（スタジオジブリ　代表取締役プロデューサー）

鈴木敏夫

高畑さんが亡くなり、「お別れの会」を終えたいまも、気持ちが収まる気配がありません。徳間康快や氏家齊一郎さん、あるいは親父やお袋が死んだときも、葬儀を終えてしばらくしたら、心の整理はついたんです。ところが、今回はなかなか落ち着かない。気がつくと、すぐそこに高畑さんがいるんですよ。こんなことは生まれて初めてです。それだけ強烈な人だったということなんでしょうけど、正直なところ困っています。

お別れの会でも話しましたが、高畑さんと僕は最後の最後まで監督とプロデューサーでした。ある種の緊張関係がずっとあったんです。

最初にじっくり話をしたのは、高畑さんが『じゃりン子チエ』を作っているときでした。当時の僕は『アニメージュ』の編集者。制作会社テレコムがあった高円寺の喫茶店でインタビューすることになりました。席に着くやいなや、高畑さんは先制パンチを放ってきました。「僕が原作のどこに感動して映画を作ろうと思ったか、そういうくだらない話を聞きたいんでしょう」。以前に電話で話して、難しい人だということは分かっていました。僕はそのパンチをかわし、入念に準備した質問をぶつけていきました。それに答える高畑さんの話は止まらず、気がついたら三時間が経っていました。席を立つ間際、高畑さんは言いました。「取材にならなかったでしょう。記事にはならないですね」。僕はその挑発を受けて立ち、記事を書きました。

その日から映画の完成まで毎日、高円寺に通い、高畑さんと話し続けることになるんです。そして、完成披露パーティの席上、高畑さんから「あなたのおかげで自分の考えを整理できた」と言われました。僕が映画を作るおもしろさ、プロデューサーの醍醐味を知ったのは、そのときが最初だったかもしれません。

僕がジブリで高畑さんといっしょに作ったのは、『火垂るの墓』『おもひでぽろぽろ』『平成狸合戦ぽんぽこ』『ホーホケキョ となりの山田くん』『かぐや姫の物語』の五本です。一本の作品を作る上で、監督とプロデューサーは共同事業者。仲よくやっているだけじゃ、いい作品は作れません。毎回、議論の連続だったし、日々が戦いだったといっても過言じゃありません。よく「いい距離感を保つ」なんて言いますけど、そんなに甘いものじゃなかった。相手の中へ土足で入っていくこともしばしばでした。

立場上、僕はどうしても高畑さんにいやなことを言わなければならない。『火垂るの墓』ではスケジュールが遅れに遅れ、公開に間に合わせるために厳しい交渉をせざるを得ませんでした。百七分あった絵コンテを僕は新潮社の担当だった村瀬拓男と相談し、八十八分まで縮めました。それでも間に合わず、塗り残しがあるまま上映することになったのは、いま思い出してもつらい記憶です。『ぽんぽこ』のときは、スケジュールが遅れることを見越して、「夏公開」を「春公開」に書き換えた偽のポスターを作って、高畑さんの席の横に貼っておくなんてことまでやりました。ぜんぜん効果はなかったですけどね（苦笑）。このときも結局、一部をカットせざるを得なくなって、そのことで延々責められることになります。

そういうことを繰り返しながら、『山田くん』まで作ってきて、僕としては高畑作品はもう終わりにするつもりだったんです。それでも『かぐや姫の物語』を作ることになったのは、日本テレビの会長・氏家齊一郎さんの一言があったからです。

氏家齊一郎の死にみやげ

氏家さんは徳間書店の社長、徳間康快と同じ読売新聞の出身。経営者としても仲がよく、徳間の葬儀では弔辞を読んでもらいました。そのお礼を言いに訪ねていくと、氏家さんはしみじみと語りました。「徳さんはすごかったな。会社から映画まで自分でいろんなものを作った。あの人は本物のプロデューサーだった。おれの人生は、振り返ると何もやってない。七十年以上生きて、何もやってない男の寂しさが分かるか」

僕は返答に困って、愚にもつかないことを言いました。「マスメディアの中で大きな役割を果たしているじゃないですか。日本テレビの経営を立て直したのも氏家さんでしょう」。氏家さんは「ばかやろう！」と怒鳴りました。「読売グループのあらゆるものはな、ぜんぶ正力（松太郎）さんが作ったものなんだ。おれたちはそれを維持してきただけだ。おれだって何かひとつ自分でやってみたい。そうしなければ死んでも死にきれない」。真剣な表情でした。

氏家さんにはジブリ美術館の理事長を務めてもらっていたこともあって、その後、毎月一度「報告」と称して会いに行くことになりました。その場で不意に「高畑はいま何をやっているんだ」と聞かれたんです。「おれがジブリの作品の中でいちばん好きなのは『となりの山田くん』だ。そりゃあ万人受けする作品じゃないかもしれない。でも、死ぬまでにもう一本、おれはどうしても高畑の作品が見たい。おれの死にみやげだ。頼むぞ」

そこまで言われても、僕としてはやる気になれませんでした。でも、氏家さんは会う度に「どうだ、決まったか」と聞いてくる。「いろいろ検討しているんですけど……」と誤魔化していたんですが、あるとき氏家さんが怒りだしました。「高畑が作ることができない理由が分かったぞ。原因はおまえだろう！」

ばれたら仕方ありません。僕は開き直って、高畑作品を作ると何が起きるのかを説明しました。「お金もかかりますし、締め切りを守らないということもありますが、それだけじゃないんですよ。問題は作り方なんです。まわりの人間を尊重するということがない人なんで、スタッフがみんなボロボロになるんですよ。おまけに、ジブリはこうやって作るんだという、これまで培ってきたスタイルにまで手をつける。そうすると会社が滅茶苦茶になっちゃうんです」

絵コンテを作り、それを元にレイアウトを描いて、原画マンがキーになる絵を描く。そして、その間を動画マンが埋めていく。そういう日本のアニメーション制作の基本システムは高畑さんたちが作ったものです。でも、高畑さんは『山田くん』のとき、そのシステムをやめたいと言いだした。ひとりの人間が描いた線で作りたいというんです。自分で作った方法論を否定して、新たに作り直す。創造と破壊と再生。そう言えばかっこいいけれど、現実には五十人からいる動画マンの仕事はなくなり、ひとりで線を描かされるアニメーターは疲弊して壊れてしまう。それでも、高畑さんはやりたいと言いだしたら聞きません。スタッフは次々に倒れ、消えていきました。それを知った宮さんは

「鈴木さん、どうなってるんだ！」と激怒しました。「おれはこのスタジオを守りたい」。宮さんの気持ちはよく分かりました。

高畑さんがやろうとしたことは、娯楽アニメーション映画の枠を完全に越えていたんです。芸術作品を作るのと同じやり方で作ったわけですから、それはいいものができます。絵画における印象派の作品をアニメーションで作ったらこうなる、というのが『山田くん』でした。のちにＭｏＭＡ（ニューヨーク近代美術館）でジブリ作品の回顧展が行われたときに、担当者が「一本だけ図抜けてすばらしい作品がある。パーマネントコレクションに加えたい」と言ってきたときも驚きませんでした。それだけの態勢を組んで作った作品だったんです。

そういったもろもろを説明しても氏家さんは諦めず、高畑作品にこだわりました。それで仕方なく、僕は高畑さんと企画を相談することになるんです。

当時、高畑さんが作りたがっていたのが『平家物語』でした。企画としてはおもしろいものの、誰が絵を描くのかという問題がありました。宮崎駿が「平家の戦いのシーンを描けるとしたら自分しかいない」と豪語していたほどで、技術的にも非常に難しいことは分かっていました。高畑さんは『山田くん』でも活躍した田辺修に描いてもらおうとするんですが、田辺も頑固な男で、「自分は人が人を殺す話は描きたくない」と言う。

そこで僕が持ち出したのが『竹取物語』でした。言わずとしれた日本最古の物語で、高畑さん自身、「誰かがいちどきちんと映画にすべきだ」と言っていたのを思い出したんです。あらためて高畑さんにその話をすると、「誰かが作るべきだとは言いましたが、自分がやるとは言っていない」と言います。

僕は、氏家さんが死ぬまでにどうしても高畑さんの作品を見たいと言っていることを伝えました。他にいい企画もないし、竹取物語なら人が人を殺すシーンもないから、田辺くんも協力してくれると言っている。そういう話をしながら説得していると、高畑さんが突然こんなことを言ったんです。「じゃあ、ひとつ教えてください。姫はなぜ数ある星の中から地球を選んだのか。これが分からないと映画にできないでしょう」。それは高畑さんが考えてくださいよ、と言いたいところですが、そういう問答をプロデューサーと延々続けて、一定の時間を共有しないと先に進まない人なんです。そういう議論を始めたら止まらなくなって、夜中どころか平気で朝まで話し続けます。

とくに企画段階では、最低でも毎日十時間はそういう話をしなきゃならない。でも、僕としては正直なところ、もうそういう作業をやりたくなかったし、他の作品を抱えていて時間もありませんでした。そこで、若い西村義明と岸本卓の二人を高畑さんの話し相手として送り込むことにしたんです。若さゆえに言えることもあるし、高畑さんにとっても新しい相手と話したほうが刺激があっていいだろうという目算もありました。実際に始めてみると、若い二人が熱心に話を聞いてくれて、高畑さんはうれしそうにしていました。

僕は定期的に二人の報告を聞いていたんですが、途中で高畑さんが企画を変えたがっているという話が伝わってきました。赤坂憲雄さんが書いた『子守り唄の誕生』という本を原案にして、ドラマを作れないかというのです。でも、それは難しいだろうということも分かっていました。紆余曲折を経ながらも、案の定、企画は『かぐや』に戻ることになり、正式に制作にとりかかることになりました。

僕は、プロデューサーというのは監督と二人三脚でやっていかなければいけないと考えています。そういう意味では、僕は今回、プロデューサーとはいえません。そこで、西村をプロデューサーに指名し、現場のことはすべて任せることにしました。ちなみに、もうひとりの岸本のほうは途中でジブリを辞めて、いまは売れっ子の脚本家となっています。

そうやって『かぐや』の準備が進む一方、氏家さんは高畑さん、宮さん、僕を誘ってヨーロッパの美術館を巡る旅を企画しました。二〇〇八年から三年間、毎年夏にフランス、イタリア、スペインを訪ねたんですが、宮さんと僕を誘ったのはおまけで、氏家さんとしては高畑さんと行きたかったんだと思います。

なんでそこまで高畑さんにこだわるのか、あるとき聞いてみたことがあります。「高畑の映画には詩情がある。おれはあいつに惚れてるんだ。あの男にはマルキストの香りが残っている」。それが氏家さんの答えでした。結局、氏家さんの生前に映画を完成させることはできませんでした。ただ、二〇一〇年の暮れに、途中までできあがった絵コンテを見せることはできました。氏家さんはじっくり時間をかけて読んだあと、ぽつりと「かぐや姫ってわがままな娘だな」ともらしました。「でも、おれはこういう娘が好きだ」。その三カ月後、氏家さんは八十四歳でこの世を去りました。

宮崎駿の内助の功と、青春を捧げた西村義明

制作の初期段階では、ワンフロアの片側に『かぐや』班、もう片側に『風立ちぬ』班がいました。かぐや班では、絵描きの田辺くんが朝早くに来て、ひとりでせっせと絵を描いていました。高畑さんがやって来るのは決まって午後。そして来るなり、田辺くんの描いた絵を見て、こうじゃない、違うだろうと怒りだす。

僕は毎日それとなく観察していて、おもしろいことに気づきました。高畑さんが怒りだすと、宮さんがさりげなくかぐや班の後ろに行って、その内容に耳をそばだてているんです。そして、翌日の午前中、田辺くんのところに行って、「パクさんが言ったのはこういう意味なんだ。だから、こういう構図で描かなきゃだめだ」と絵を描きながら説明しているんです。「でも、おれが言ったということはパクさんには言うなよ」。自分の仕事そっちのけで、そんなことを毎日やってるんですよ。ところが、田辺は田辺で頑固

だから、その通りに描かない。まったく宮さんという人は、人がいいというのか、涙ぐましいというのか……。『山田くん』のあとのスタジオの惨状を見て、「二度と映画を作らせない」と怒った宮さんですが、高畑作品を誰よりも見たかったのは、やっぱり宮さんなんですよ。

準備がある段階まで進んだところで、急に進捗状況が悪くなりました。西村に話を聞いてみると、要するに、高畑さんが田辺ひとりに芝居を描かせようとしていることが分かりました。『山田くん』からさらに要求がエスカレートしたんです。

この数十年、アニメーションの絵はどんどん細かくなってきました。たとえば、『となりのトトロ』の頃は、長編一本につき原画マンひとりで十分ぐらい描いていたのが、いまは三分も描きません。それだけ作業が細分化し、人手をかけるようになっている中で、高畑さんはひとりの人間にぜんぶ描かせようとしていたんです。

少数精鋭というのは分かりますが、さすがにひとりというのは現実的じゃない。そこで、僕としては間をとって三人ぐらいで描いたらどうかと西村に提案しました。その結果、久々に安藤雅司がジブリに帰ってくることになりました。宮崎駿の下で『もののけ姫』と『千と千尋の神隠し』の作画監督をやった男です。さらに、『山田くん』でも活躍した小西賢一、橋本晋治らが加わり、作画は進んでいくことになります。

あれは制作の半ばだったでしょうか。西村が深刻な顔をして、「このままじゃ完成しません」と言ってきたこともありました。そのとき僕は言ったんです。「どうしても完成させたかったら、高畑さんを解任しろ。あとは田辺や安藤で作ればいい」。高畑さんというのはフランス語を学び、ヨーロッパ流の合理主義を身につけた人です。自分からやめるとは言わないけれど、プロデューサーが解任するといえば、論理的に考えて従うはずです。このときばかりは、さすがに西村も悩んでいました。結局、三カ月ほど作画を休み、高畑さんに絵コンテを仕上げるのに専念してもらうことになりました。

そういったあれやこれやのトラブルはありながらも、今回はワンクッション入っていたこともあり、僕はだいぶ楽をさせてもらいました。一方、高畑さんと付き合い続けた西村はどんどんやせ細っていきました。二十八歳で関わって、完成したときにはもう三十六歳。その間に結婚して、子どもまで生まれました。青春のほぼすべてを一本の映画に捧げて、本当に粘り強くがんばったと思います。

「姫の犯した罪と罰。」

この作品はいつ完成し、世の中に出せるのか。僕としてはいっさい考えていませんでした。完成したときに公開すればいい。そう腹を括って、予算を含めた態勢を組んでいたんです。間に合う間に合わないですったもんだすることに、ほとほとうんざりしていたということもあるし、高畑さんに気のすむまでやってもらおうという気分もありました。結果的に八年の歳月をかけて、日本映画史上最大の五十億円もの予算を費やすことになるわけですが、僕としてはいっさい焦りを見せないようにしていました。

それでも、完成の目処がついたと報告を受けたときは心が揺らぎました。というのも、西村が言ってきた時期は二〇一三年の夏。『風立ちぬ』と同じタイミングだったんです。そこで僕は「同時公開」というアイデアを思いつきます。師弟にして生涯のライバルでもある二人の巨匠が、『となりのトトロ』『火垂るの墓』以来、二十五年ぶりに同時公開で火花を散らすとなれば、大きな話題を呼ぶことは間違いありません。個人的にも、同じ日に作品が公開されて、どっちにお客さんが来るのか、作品の評価はどう分かれるのかということに興味がありました。

そこで、僕は高畑さんのところへ向かい、計画を説明しました。ところが、高畑さんの返事は芳しくなかった。「そうやって煽って、この作品を公開しようということですか」「そうです。お金もかかってますし、お客さんに来てもらって、回収もしたいですからね」。僕が答えると、高畑さんはそういうことには協力したくないと言いだしました。ある時期から、高畑さんは僕の行う映画宣伝がプロパガンダ的だといって、批判的になっていたんです。

結果的に『かぐや』の進行は再び遅れだして、公開は十一月に延びることになりました。それによって同時公開の夢は潰えるわけですが、僕はそれならそれでいいと思ったんです。こうなったら意地と意地のぶつかり合い。どこまでも我慢比べをしてやろうと決めました。

宣伝をめぐっては、キャッチコピーでも揉めることになりました。僕が考えたコピーは「姫の犯した罪と罰。」というものです。高畑さんが最初に書いた企画書にも書いてありましたし、そもそも原作のテーマでもある。それ以外にはないだろうと考えていました。ところが、高畑さんに見せるや、また顔色が変わった。そして不機嫌そうに、「最初にそう考えたのは事実です。でも、そのテーマはやめたんですよ」と言います。

高畑さんは宣伝コピーに対しても、独自の一貫した方針を持っています。「作品について間違ったことを言っていなければそれでいい」というものです。それに照らして言うと、「罪と罰」はやりたかったテーマだけれど、実際にはできなかったことだから、間違ったコピーになるというわけです。

そう言われたらしょうがない。新しいコピー案を作って持っていきました。そちらは間違っていないということで認めてくれたんですが、僕も腹の虫が収まらなかったんでしょうね。「これなら問題がないというのはよく分かりましたけど、関係者に評判がいいのは『罪と罰』のほうなんですよね」と言ってしまったんです。そうしたら、高畑さんは不愉快そうに、「分かりました。もういいです。勝手にやってください」と言いました。

それで「罪と罰」を使って第一弾ポスターを作ることになるんですけど、それをめぐってまた一悶着が起きるんです。ポスターの試し刷りをするにあたって、ひとつは原画に忠実な色、もうひとつは蛍光ピンクを入れてちょっと派手にしたものを作りました。それを持っていくと、派手なほうを見て、高畑さんは怒りだしました。「あなたはこんなふうに作品を売りたいのか！」。高畑さんが怒鳴りまくる中、僕が黙っていると、たまたまその絵を描いた男鹿和雄さんがやってきました。高畑さんとしては我が意を得たりと思ったんでしょう。「男鹿さん、どう思いますか」と聞いた。そのとき一瞬、僕と男鹿さんの目が合いました。すると、男鹿さんは「こっちでいいんじゃないですか」と派手なほうを指さしたんです。高畑さんとしては悔しかったでしょうね。

この問題はさらに尾を引きます。その後、制作がだいぶ進んでから、高畑さんが「あのコピーのおかげで僕は迷惑している」と言ってきたんです。昨今は宣伝コピーといえども、映画を見に来るお客さんの心理に一定の影響を与えている。それを踏まえると、「姫の犯した罪と罰。」というコピーに作品を寄せなければいけない。仕方がないから、台詞を足すことにしたというんです。「そのことは覚えておいてください」と念を押されました。そして、インタビューを受けるたびに、高畑さんは「あのコピーは間違っています」と言い続けました。

つまり、『かぐや姫の物語』という映画は、高畑さんと僕との勝負の場でもあったんです。だから、なかなか冷静に作品を見ることはできません。ただ、完成した映画を見たとき、率直にすごいと思ったのは、かぐや姫をひとりの女性として捉えていたことです。初潮のシーンを含めて、女性というものを完璧に描いてみせた。そんなことができる監督は他にいない。その一点をとっても、本当によくできた映画だと思います。

自己顕示欲と自己滅却欲の狭間で

どんな人の人生にも功罪両面があるし、映画監督という仕事をしている以上、いつもいい人でいることはできません。人の人生を変えてしまうこともあるし、ときには恨まれることもある。とくに高畑さんの場合、いい作品を作ることがすべてであって、その他のことにはまったく配慮しない人でした。よくいえば作品至上主義。でも、そのことによって、あまりにも多くの人を壊してきたことも事実です。

『火垂るの墓』の作画監督を務めた近藤喜文もそのひとりでした。最初で最後の監督作となった『耳をすませば』のキャンペーンで仙台を訪れた日の夜、高畑さんのことを話しだしたら、止まらなくなりました。「高畑さんは僕のことを殺そうとした。高畑さんのことを考えると、いまだに体が震える」。そう言って二時間以上、涙を流していました。彼はその後、病気になり、四十七歳で亡くなってしまいます。火葬場でお骨が焼き上がるのを待つ間、東映動画以来、高畑・宮崎といっしょに仕事をしてきたアニメーターのSさんがこう言ったんですよ。「近ちゃんを殺したのは、パクさんよね」。瞬間、場の空気が凍りつきました。ある間をおいて、高畑さんは静かに首を縦に振りました。

作品のためなら何でもする。その結果、未来を嘱望された人間を次から次へと潰してしまった。宮さんはよく「高畑さんのスタッフで生き残ったのは、おれひとりだ」と言います。誇張じゃなく、本当にその通りなんですよ。高畑さんの下で仕事をすれば勉強になるとか、そんな生やさしいことじゃないんです。酷使され、消耗し、自分が壊れるのを覚悟しなきゃいけない。

「パクさんは雷神だよ」。宮さんは最近そう言っていました。高畑さんが怒るときはいつも本気なんです。その人を鍛えるため、仕事への姿勢を変えるために言うんじゃない。本気で怒っているから、何の配慮もしません。逃げ道も作らないし、あとで救いの手を出すこともない。だから、怖いですよ。

『火垂るの墓』の製作に携わった新潮社の新田敞さんがいみじくも言っていました。「松本清張や柴田錬三郎、安部公房、いろんな作家と付き合ってきたけど、あんな人はいなかった。高畑さんと比べたら、みんなまともに見える」

僕もいろんな人を見てきましたけど、高畑さんみたいな人は他にいません。高畑さんはスタッフに何かをしてもらっても、感謝したことがありません。いっしょに作品を作っているのだから、監督として感謝するのはおかしいという考え方なんです。論理的なのかもしれないけれど、人間的な感情に欠ける、破綻した考え方ですよね。

「パクさんに映画を作らせようとしたのは鈴木さんひとりだ。誰もそんなことは望んでいなかった」。宮さんにそう言われたこともあります。でも、そういう宮さん自身、『アルプスの少女ハイジ』のとき、仕事をしようとしない高畑さんを毎日家まで迎えに行って作らせているんです。もっと遡るなら、東映動画時代、作画監督の大塚康生さんが、「高畑勲が演出でなければやらない」と言ったことによって、高畑さんの監督デビュー作『太陽の王子 ホルスの大冒険』は作られることになりました。

振り返ってみると、高畑さんが自ら本当にやりたいと言って作った作品はありません。それでも、僕自身を含め、まわりに人が集まってきて、高畑さんに作品を作らせてきた。それが高畑さんの才能の故だったのか、僕にはよく分かりません。

そもそも、作家にせよ映画監督にせよ、何かを作って人に見せたいという人は自己顕示欲が強いわけですよね。それは高畑さんの中にもあったと思います。それと同時に、破滅主義で、自己滅却欲にも苛まれていたような気がします。その狭間で揺れ動いたのが、高畑勲という人だったんじゃないでしょうか。

カリスマという言葉がありますけど、強烈な衝撃を与えられて、その人に何かがあると思えば、人はついていくんですよ。いい悪いじゃない。いちどその魔力に捕らえられたら、死ぬまでそこから解き放たれない。いや、死んでも解き放たれない。

だから、僕は高畑さんと四十年間付き合ってきて、いちども気を緩めたことがありません。その緊張の糸は、亡くなったいまでもほどけないんです。こんな気持ちってないですよね。美しい言い方をすれば、いまも心の中で生きている、ということになるんでしょう。でも、そういう気持ちじゃないんですよ。成仏してほしいのに、あの世へ行ってくれないんです。この気持ちは何なのか。あの人は何だったのか——。僕も宮さんも、その答えが知りたくて、亡くなった日からずっと二人で〝通夜〟を続けているんです。

じつは、いま宮さんが作っている『君たちはどう生きるか』の中に、高畑勲と思しき人が登場します。この人物を宮さんがどう扱うのか、興味深いです。高畑さんが亡くなったあと、順調だった絵コンテがもう2カ月余ストップしています。そんなわけで、僕はいまだに高畑さんの冥福を祈る気持ちにはなれないんです。第三者には分かりにくいかもしれません。でも、それがいまの正直な心境です。

（インタビュー・構成　柳橋閑）

すずき・としお●一九四八年名古屋市生まれ。株式会社スタジオジブリ代表取締役プロデューサー。慶應義塾大学卒業後、徳間書店入社。『月刊アニメージュ』編集部を経て、八四年『風の谷のナウシカ』を機に映画制作の世界へ。八九年よりスタジオジブリ専従。著書に『仕事道楽　新版　スタジオジブリの現場』『ジブリの哲学』『風に吹かれて』『ジブリの仲間たち』『ジブリの文学』『人生は単なる空騒ぎ　言葉の魔法』『禅とジブリ』など。最新刊は『南の国のカンヤダ』。

Part2

『かぐや姫の物語』の制作現場

映画を観る人の感情移入の方法がドキドキ一辺倒ではなく、登場人物へのハラハラや笑いも呼び起こす、見る人の判断の余地を残すような映画を作りたい、と高畑監督は語っている。それゆえ線の絵、つまりスケッチやドローイングには徹底的にこだわり、人物造形・作画設計の田辺修、美術の男鹿和雄の両氏をはじめスタッフらが見事に期待に応えた。

この映画も高畑作品では恒例の、作画の前にセリフを録音するプレスコ方式を採用している。翁の声を担当した地井武男さんは映画公開の前年に残念ながら亡くなられてしまったが、ほとんどの録音は済んでいたため、無事に出演が可能となった。

原案・脚本・監督

高畑 勲

全スタッフがほんとうに力を出しきってくれ、みんながこの作品をやり遂げさせてくれた

『竹取物語』から発想した観点

――『かぐや姫の物語』の企画は、どのようにして立ち上がったのですか？

「ここまでくるには何段階もあったんです。だいぶ前、いっぺん言い出したんですが。その時は僕自身がやるのではなくて、企画のひとつとして提案したつもりでした。『竹取物語』をこんなふうにやれば面白くなるんじゃないかって。それは、もとはといえば、僕が東映動画にいた五十年以上前に発想したことなんですが。

実は『竹取物語』って、読んでもよくわからないんですよね、かぐや姫という人物が。

姫が月へ帰って行く時に、翁や媼と別れるのがつらいと言ってはげしく泣くんですが、それまではそんな人間的な情がまったく感じられなかったので、いかにも唐突なんです。一方五人の貴公子と難題をめぐるエピソードはひどく現実的な滑稽譚になっていて、面白いことは面白いけれど、竹から生まれて月へ帰っていくという不思議なファンタジーとはまるで水と油です。で、みんな知っているけれど、原作をちゃんと読んでみて素晴らしかったという人はあまりいない。

いったいかぐや姫の話の本質はどこにあるかといえば、『今昔物語集』にあるんですね。その話の娘には名前がないんですが、竹から生まれて、はなから実現不可能とわかっている難題を三人の貴公子に出す。こちらは『竹取物語』と違って、三人とも娘の美しい姿を見ているんです。それを聞きつけた御門は、〝そんなことをするのは、娘が俺を狙っているからにちがいない〟と思って言い寄るけれども、娘は平気で御門も振る。さらに、ありえないと考える御門の予想を裏切って、娘はさっさと月へと帰ってしまう。そういう単純な話なんです。これはつまり、この世のものとは思えない美しいものにみんな憧れるけれども、手を出すことはできない。出したとしても、美しいものは手に入れることができずに去って行くと。美的存在とか美そのものが持つ特性を、こちらはちゃんと描いている。これが僕は本質だと思うし、好きなんですが、それじゃあ短篇にしかなりません。

『今昔物語集』の娘は、美しいけれども全然人間的じゃないのに対し、かぐや姫の心を描いているのが『竹取物語』の大きな特徴ですね。だからこそ『源氏物語』で〝物語の祖《おや》〟とよばれた。でもその心の動きを読み取ろうとすると訳がわからなくなる。神話学的・民俗学的・少女心理学的に見ればいろいろと興味深いかもしれないけれど、僕にはどうでもいいことで。

いや、こんな話を続けていても原作の分析にしかなりませんのでやめますが、そんな訳のわからない『竹取物語』には描かれていないウラがあって、それを解明すれば、原作の筋立てをほとんど変えないまま、かぐや姫に感情移入さえできる、ほんとうの〝物語〟を物語れるのではないか、というのがこの企画なんです。それは、かぐや姫が〝罪〟だの〝昔の契り〟だののために地上におろされた、という原作の言葉から、『なぜ、何のために、かぐや姫は地上にやってきたのか』を読み解けばよい。実は僕は五十数年前、それがぱっと読み解けた気がしたんです。そのヒントは月と地球の違いです。原作に書いてあるとおり、月は清浄無垢で悩みや苦しみがないかもしれないけれど、豊かな色彩も満ちあふれる生命もない。もしもかぐや姫が、月で、地上の鳥虫けもの草木花、それから水のことを知ったら、そして人の喜怒哀楽や愛の不思議さに感づいたら、地球に憧れて、行ってそこで生きてみたくなるのは当然じゃないかと。

その時、こりゃ面白くなるかも、と思ったし、かなり昔、あるプロダクションから

『竹取物語』のアニメ化の相談をもちかけられた時も考えは変わりませんでした。でも、企画の方が立ち消えてしまった。八年ほど前、ジブリの企画として提案したのも、急にそれを思い出したからです。かぐや姫は面白くなるんじゃないのって。

でも自分でやりたいとは思わなかった。図々しい言い方ですが、いい企画だから僕じゃなくても面白くなるはずだし、平安貴族の風俗に興味はありませんでした。僕はむしろ別の企画をやりたかったんです。それは赤坂憲雄さんの『子守り唄の誕生』から発展させた企画で、戦前までどこにもいた幼い守り子たちの話です。実際その後、プロデューサーの西村義明君や田辺修君とかなり準備を進めたんです。田辺君というのは、『ホーホケキョ となりの山田くん』で組み、今度の作品でもすばらしい力を発揮した中心の作画家です。その企画は今もやるに値するものだと思っていますが、僕自身の気力が続かなくてやめちゃった。そうこうしているうちに、長年ジブリに食わしてもらっていますので、やはり『竹取物語』をやるしかないか、とまた始めたんです。そんなわけで、企画の提案から現在まで、振り返ると八、九年経っていたわけです」

田辺修や男鹿和雄をはじめとする才能

――具体的に『かぐや姫の物語』を、どのように表現するアニメーションとして作って

いこうと思ったんですか？

「どういう表現をしなければならないかについては、僕としては基本的な大きな方向は前から決まっていたんです。それはあとでお話ししたいと思いますが、この作品のためというより、どんな題材を取り上げても同じで、僕はやる以上、これからはその方向でアニメーション映画を作りたい、作らねばならぬ、と決めていました。でも具体的にはっきりと見えているわけではない。新しいことを成し遂げるには、まず、その方向で共鳴しあえる大きな才能の持ち主が必要です。それが今回の場合、『山田くん』ですばらしい才能を見せてくれた田辺君と、『となりのトトロ』以来ジブリアニメ美術の中心にいて、『おもひでぽろぽろ』と『平成狸合戦ぽんぽこ』で美術を担当してくれた男鹿和雄さんの二人でした。

ですから、この作品で成し遂げた表現は、まず、それを設計し実践し工夫を重ねた田辺君と男鹿さんというすごい才能の力によるものですが、むろん、ここまでくるには多くの試行錯誤もありました。というより、最終的な結果がそれでよいかどうか、事前に確信を持って判断できないんです。僕にしろ男鹿さんにしろ、経験豊富ないわばベテランです。ところが僕は何度『わからん！』と叫んだかわかりません。それは、『ともかくやって結果を見てみよう！　その上でやり直したり修正したりしよう』という意味なんです。ということは、この仕事に従事している制作から撮影まで、すべての分野の人々に大きな負担を強いることなんです。ほんとうにみんな、それによく耐えて頑張ってくれました。頭が下がりますが、それはやはり、最終的に出来上がってくるものがよくなっていくので、田辺・男鹿両氏の力をみんなが信じることができたからだったと思います。

男鹿さんについては、もうほんとうにすごい力量をもっていて、作品のカギになる山での暮らしや何年後かの再訪などの場面は男鹿さん以外に描ける人はいない、と最初から思っていました。水彩でさらっと描いてもいちいちそれが絵になる、しかも山川草木、自然の実感がふわっと広がる、風がさっと吹き込む、そんな絵描きですから、今度の手法にぴたっとはまるだろう、という予測はすぐつく。『おもひでぽろぽろ』の思い出編で、もう余白に抜く試みをやったし、最近のアニメ美術が煮詰まっているのでは、という話をだいぶ前からしていた仲ですから、関心はもってもらえるはずだと信じてましたが、美術監督をしなくなってから長いので、やってくれるかどうかだけが心配でした。ですからやってくださることになった時はもうほんとうに大喜びでした。あとは美術スタッフが、水彩という直しのきかない手法で、緻密に描き込めばよくなるのではなくて、逆にさらっと、とか、すっと抜いて、とか、省筆して、しかも見事に〝かたち〟になる、男鹿さんのような絵を描いてくれるのか。みなさん懸命だったでしょうし、男鹿さんも大変だったと思います。よくやってくれました。出来上がりはご覧の通りで、僕は大満足してます。これほど気持ちよく草花が乱れ、雑草が繁茂して、おまけに虫がとぶ作品は後にも先にもないのではないかと思います。

一方の田辺君は一種の天才で、僕は作品作りの中心に坐ってもらう人として大いに期待しつづけてきたのですが、なかなか実らなかった。なにしろ絵を描いて見せてくれない。僕がかかわってもらおうとしたアイヌのユーカラの企画でも、『平家物語』の企画でも、イメージボード一枚キャラクター一枚、描いてこない。関心をもっているのか、理解してくれているのか、いまひとつはっきりしない。それどころか、僕に水墨画の遠景の絵を見せて、全体をこういうので行ったらどうか、とか、キャラクターなんて決める必要があるんですか、とか、この人、映画を作る気があるの、と疑わずにはいられないことを平気で言う。ところが、僕のいないところで、鈴木敏夫さんが山本周五郎原作の『柳橋物語』はどうか、と田辺君に提案したら、俄然興味を示し、読み込み、登場人物を、キャラクターとして何枚も描いたんです。江戸時代の庶民生活という題材がよかったんですね。僕はそれをはじめて見せられて唸りました。ほんとうにうまいんです。人物を見事な線で捉え、さっと淡彩で色付けしているんですが、実際にいる人々を今スケッチしてきたというような初々しい実感があった。すごいと思いました。田辺君のキャラクター開眼なんでしょうか、目を見張りました。でも僕はこの原作をやる気にならなかった。

こんな実感のあるキャラクターをちゃんと生かしながら、大勢のスタッフでやれるかどうか。絵に実感があればあるほど動きや演技も真に迫らないとバレてしまうのだから、かえってこれは大問題です。たぶん不可能だ。けれどもそれだけではなく、やはり僕としては、自然主義的な、と言いますか、現実そのままの描写、芝居を地道に延々と重ねなければならない仕事はやりたくなかったんです。僕は実写みたいな作品ばかり作るヤツと思われているかもしれないですけれど、実は、アニメーションでしかできないものを、という意識は人一倍強いつもりなんです。

そんなわけでこの企画は途切れるのですが、何も描かなかった田辺君が素晴らしい絵でキャラクターを作った、という大成果を生んだ。僕にとって、そしておそらく西村君にも、大きな希望が生まれた瞬間でしたね。そしてその力は『子守り唄』の企画でも発揮され、今回の『かぐや姫の物語』につながるんですが、準備に入り、脚本を固めていっている時でも、イメージボードみたいなものは全然描かない。画面全体の印象をどう作るのか、ではなく、あまりにも具体的な演技のサムネイルを少々描くぐらい。相変わらずこちらがやろうとしていることをわかってくれているのかどうかもはっきりしない。姫が開放的にアハハと大口開けて笑ったところが絶対必要だから描いてほしい、と言っても、口が大きくならない。わずかに描いたボード絵は、都大路を縦に見通して、手前に大きく人物を入れ、中景の門、牛車、築地塀、そして人々だけが、画用紙の白そのままの上に描いてある。こういうのでいきたい、とその一枚で提案なんです。これには驚きました。僕ももともと余白をとる方向に賛成でしたし、寝殿造りの内部なども描き込むのではなく、さっと余白に開くというか、描き残して画用紙の白地を生かせばよいと考えていましたから、そこは論点にならない。具体的に一枚一枚どれくらい〝抜く〟のかが問われるわけですから。余談ですが、僕は寝殿造りは空間を塗り込めても、木材が新建材ぽくなるだけで、描き込めば込むほどつまらなくなると確信していました。姫が走ると板の間や廊下がどんどんどんと響くでしょう。あの音が実感をもって聞こえたのは、完全に今度の〝抜いた〟絵の表現の力だと思います。

ただ、自然に関しては、その豊富さを捨ててはならず、さらっとした描写から、自然に包まれる気分を出すために、かなり濃密なところまで変化していってもいいんじゃないか、そして新しい場面のはじまりでまたさらっとした描写に戻すとか、そんなことを僕は考えていました。まだ男鹿さんが参加してくる前の話です。

そんなこんなで、準備期間中、心配は絶えなかったのですが、いざコンテに入ったら、田辺君はちゃんと理解してくれてていい絵を描くし、見事な演技設計をするんです。とことん具体的になると、力がぐんぐん湧いてくるタイプなんでしょうね。だから、いったん彼の中で熟成したその演技や表情は、実に確固としたイメージとなって、なかなか他人（作画担当者など）のものを受け入れることができなくなるのです。僕は彼が出すものがほんとうに優れているので、基本的には何の問題も感じませんでしたが。ですから、かかわってくれるアニメータースタッフとはじめての打ち合わせをする時、僕は必ず、『田辺君を中心にしてやっていくので、いろいろあるでしょうがよろしく』と挨拶しました。『諸君、脱帽したまえ、天才だ！』（ショパンについてのシューマンの言葉）とは言いませんでしたが、それに近い気持ちがありました。そしてみんなも田辺君を可能な限り尊重してくれたと思います。

田辺君がみんなに課したのは、かなり小さな絵で描く、というやり方です。実際、マンガでも絵巻でも、線の絵では、小さな絵を引き伸ばして悪くなることはないことを経験上知っていましたので、異論はありませんでしたが、描くアニメーターは大変だったと思います。この方法だと、大づかみに捉え、細部にこだわってしまわないで済むので、背景の方も男鹿さんは小さなサイズで描くことにしたんです。見かけのリアルでなく、実感を出すための大事な名案でしたね。

模様をどう付けどう描くかなどなど、田辺君の工夫は留まるところを知らず、中には首をひねるものもあったのですが、そんなのは少しで、結果としては大成功でした。まあ、天才ですから、その言動は時にあきれられたり、とくにスケジュールを管理する制作サイドに悲鳴を上げさせたり怒らせたりしていましたが、それはとりもなおさず、『脱帽』してくれるどころか田辺君への強い圧力となって返ってくるわけです。なのに、最終リテイクに至るまで、それにはほとんど全く動じることがなかったのはお見事と言うほかありません。僕は、田辺君のもっているもののうち、自分にとってのイイとこだけをいただいて、あとは監督の権限でスケジュール進行のために却下するというのはイヤで、彼の全体をできるだけ尊重するという方針を制作に明らかにしつつ歩みました。

それにしても、全スタッフがほんとうに力を出しきってくれただけでなく、出資者も、会社も、プロデューサーも、制作も、結果的に、ほんとうによく我慢してくれて、わがままな僕たちにこの作品をやり遂げさせてくれました。みんなに心の底から感謝しています」

必要な表現のための工夫が生まれた

――そのような優秀なスタッフの力が合わさって、監督の考えるアニメーション表現がこの作品でできたわけですね。

「先程、僕にとっての表現の基本的な方向ははじめから決まっていたと言いましたが、その前提に、僕が常々主張し実践していることがあります。それは、映画を少し客観的にして、見る人の感情移入の方法が〝思い入れ型〟より〝思いやり型〟になるようにする。自分（観客）のドキドキ一辺倒でなく他者（登場人物）へのハラハラや笑いを呼び起こす。見る人の判断の余地を残す。作品世界という密室に人を閉じ込めるのではなく、現実と風が吹き通う、そういう映画を作りたい、ということです。これは、絵柄や表現以前の物語の構造や演出手法の問題が大きいのですが、表現と直接かかわってくることでもあります。

僕はこのところ、アニメーションではなく、絵画について本を書いたり発言したりしてきたのですが、その中で、何かを描写しようとしている絵に二種類あるというのが僕の持論です。ひとつは、『オレはホンモノだぞ！』と叫んでいる絵。油絵とか、陰影をつけ立体感を出し、空間をすべて描き込んでいるペインティングなどです。もうひとつは、『見ての通り、私はホンモノではありませんが、なんとか線でホンモノを写し取ろうとしたものです。どうかこれをよすがにしてこの後ろにあるホンモノを想像してくださいね』と慎ましく言っているスケッチやドローイングです。前者は、オレはホンモノだと主張しているので、ほんとうにうまい絵ならいいけれど、それほどでもないと、見る人が、つい、あら探しをしたくなる。これでホンモノとはおこがましいぞ、とか下手っぴい、とか。ところが後者の線の絵では、子どもの絵でも、下手な絵でも、見る人はその背後の、描き手が描きたかったものを読み取ろう、想像しようという気持ちを働かせてしまう。下手でもイヤな絵にならない。それが上手なドローイングやスケッチだったら、想像力はますます的確に働いてくれる。あるいは記憶が呼び覚まされる。

常々こういう主張をしているんですが、それをアニメーションでも実践したいと思っていて、その手始めが田辺君との『山田くん』だったわけです。そしてそれを今回は田辺君の上手なドローイングでやろうということです。背景の方も、日常的な空間などはみんなよく知っているのだから、くどくど描き込まなくても、どんどん省略して暗示にとどめればいい。『山田くん』がそうですし、寝殿造りの中がそうです。しかし、見たこともない不思議なものは克明に描かなければ、見る人に信じてもらえません。それがたとえば、阿部右大臣の火鼠の皮衣の場合なんですね。

『線でホンモノを写し取ろう』というのは、要するに、ある対象があって、それをスケッチするということなので、完成品を目指しているのではないというか、完結していない、未完の状態なんです。描いてない部分があるとか、ラフなタッチのままだとか。そしてそれが、とりもなおさず、見る人の心に記憶を探ろう、想像しようという気持ちを呼び覚ますんだと思うんです。『かぐや姫の物語』での線の途切れ・肥痩、塗り残し、がたつきなどは、そのために役立ったのではないでしょうか。〝思い入れ〟より〝思いやり〟を引き起こしたと思うんですが。

田辺君の描いたかぐや姫のなかには、実感のこもったすばらしい表情があります。たとえば貴公子の一人が死んだことを聞いたあと、感情に駆られて鎌で草をなぎ倒したあと、立ち尽くしている顔です。その顔はすごく長くなっている。その表情を線で捉えたらこうなったのでしょう。もしそれをキャラクター設計図どおりのプロポーションにしたら、もうこれほどの表情にはならないでしょう。でも、そういうやり方で、キャラクターが少しずつ違ってしまうと、どんなに表情が素晴らしくても、〝思い入れ〟はしにくくなると思います。やはり〝思いやり〟が必要になる。『ぽんぽこ』を作った時なんかも、キャラクターが本狸から直立二本足狸、杉浦狸、化けた人間と、どんどん変わるんですから、外から客観的に見てしまわざるをえない。逆に、いまはやりのアニメは表情に乏しくてもキャラがいつも同じなので直接的な感情移入ができるんです。自分とキャラを重ね合わせられる。

そしてその目から世界を見るのだから、主人公の見ている世界とそっくり同じものが見えなければならない。だから、キャラクターがマンガなのに、日本のアニメの背景はあんなにクソリアルになってしまったんです。じゃあ、『かぐや姫の物語』の背景はリアルでなくてもいいかというと、そうはいかないです。もはや人工的にしか見えないクソリアルな背景は困るけれど、自然のもつ自然な実感がほしい。風が渡ってほしい。みんなの記憶の中の最上の自然が思い起こされ、それでやわらかく包み込んでほしい。それが今回の男鹿さんの美術だったと思うんです。

僕が一番悩んだのは青空です。塗り残しがあって画用紙の白地が見えているような絵に青空は水と油ですよね。日本絵画の伝統でも、青空が出てくるのはずっと遅いですし、品が悪くなります。でも、姫が空を見上げて晴れ晴れと胸一杯に空気を吸うとしたら、やはり姫の見た目で青空を描き、姫の気持ちを直接同時体験してもらうのがいい、と思うんです。空が画用紙の白だと、客観的というだけでなく、曇天の印象になりやすいですし。この悩みを早い段階で田辺君に言ったら、こともなげに、青空がなくても、陽光だったらハイコントラストの影を落とせば出せるでしょう、と言ったんです。事実、この作品の中に、簡単な方法で、しかもうまく影を落としたショットがたくさんありますが、あれは田辺君の優れた発案です。でも、この問題はそう簡単に割り切れるものではなく、いくつかのショットで、男鹿さんに、品のいい青空を忍びこませてもらいました。

僕がアニメーションでスケッチ的な手法の素晴らしさに気づかされたのは、フレデリック・バックさんの『木を植えた男』（一九八七）なんです。あの作品は人物もまわりの空間も、同じ色鉛筆の線やタッチで描いている。そして描きたいもの、描く必要のあるものだけを描いている。例えば室内なら全部を描くのではなく、壁らしき空白の中に机の端だけ描く。それだけでアングルが決まる。そして主人公の男が動くと、カメラがそれを追い、アングルが変化して、部分的に見えている机も変化していく。つまり、ほとんど何も空間が描かれていなくても、主人公が動くことによって、そのまわりに空間が立ち現れてくるんです。まるでパントマイムみたいに。また、情けない草だけがひょろひょろ生えている荒れ地ならば、空間表現はその荒廃した感じだけでいい。細部を描写する必要はないから。ところが、土地がよみがえって草木が茂り人々がその中で暮らしはじめた場面では、まるで印象派みたいに実に彩り豊かに細かく描き込んでるんです。その豊かな実感を感じさせなきゃならないから。人物については、『トゥ・リアン』（一九七八）という作品がまず大事なんです。それまではバックさんもデザイン画的な線の絵を描いていたんですけれど、この作品の最後で、毛皮から動物たちがよみがえり、自分の愚かさに気づいた人間たちが動物たちを見送るシーンで、スケッチ風の実感のこもった絵になって行くんです。そして次の『クラック！』（一九八一）を経て、『木を植えた男』の表現に結実するわけです。バックさんはつや消しのセルに色鉛筆でスケッチ風に描くという表現方法をとるんですが、その手法は、面白いだろうという思い付きなのでは決してなく、表現としての必然性があったんです。どうしても必要な表現のために方法が生まれた。そういうことがすごく大事で、何か新しいことをやりたいということだけでスタートしても、手法だけだと、長篇作品なら最初の十分で慣れてしまうでしょうね。バックさんはご病気なのですが［注1］、『かぐや姫の物語』をぜひ見てもらいたいと思っています。

それからもうひとつ。僕はずっと前から、ざっとラフに描いて、まだ一本の線にまとまっていないクロッキー風のドローイングが動いた時の面白さに注目していました。動きや演技の感じやタイミングがこれでいいかどうか、うまいアニメーターがラフなドローイングをクイック・アクション・レコーダー［注2］で撮って確かめてみる、監督である僕にも見せるんですが、そんな時、ああいいな、躍動していて面白い、と思ったのに、それを一本の線に整理して原画として仕上げたとたんに魅力が半減してしまう、ということを何度も経験したんです。ですから、『平家物語』で、たとえば『木曽最期』の合戦や一騎打ちをやる時、このラフ絵を積極的に活用しよう、と考えていました。立ち回りの迫力や、騎馬戦の疾走する勢いがこれで出せるはずだ。斬り合いでは、実写でもアニメでも血しぶきがイヤな表現になりやすいけれど、この手法だったら、勢いの流線とも血しぶきともつかぬ、ただ戦いに命を賭けたつわものの懸命・必死のエネルギーだけを伝えることができるのではないか、そう考えていました。今回、かぐや姫が月光下を疾走するところなどにその片鱗が出せましたが。

あのシーンをやってくれたアニメーター橋本晋治さんもまた天才で、たくさん素晴らしいシーンを描いてくれました。その他何人も今考えられる最高のすごいアニメーターがいて、その人たちがこの作品に参加してくれて、田辺君の絵に合わせながら、しかも自分の才能を存分に発揮したことは、将来への希望を感じさせる素敵な出来事だったと思うんです。貸し借りで仕事をするのではなく、いい協力関係を保ちながら、一本のこれぞと思う作品の完成のために力を出し合い折り合う。そういうことこそ、最も素晴らしいことだと僕は思います。宮崎駿や僕らはそうしてきたつもりです。次の世代の人々にぜひ頑張ってほしいです」

取材・構成＝金澤 誠

注

1 カナダのアニメーション作家。『かぐや姫の物語』の公開直後である二〇一三年十二月に亡くなった。アカデミー賞短編アニメーション部門賞を二度受賞したほか、日本では二〇一一年に『フレデリック・バック展』が各地を巡回した。

2 紙に描かれた原画や動画をスキャンして連続再生することで、アニメーションとしての動きを確認するための機器。

人物造形・作画設計

多くのスタッフに助けられて、完成することができました

田辺修

――『かぐや姫の物語』の企画は、一度頓挫して、別の企画になった後にまた再浮上したという経緯があったと聞きましたが、企画が立ち上がった頃はどのような作業を進めていたのでしょうか？

「いちばん最初の頃の細かいことはもう忘れてしまったというのが正直なところです。高畑さんからは、まずキャラクターを作ってみないか、という形でお話をいただいたと記憶しています」

――キャラクター造形や作品全体の絵柄について、高畑監督とどんな話をしましたか？

「特別あれこれ具体的な話はされていなかったように思います。まずはとにかくいろい

ろ描いてみて、ということでしょうか。ただ、しばらくして姫については〝凜〟とした人にしたいと仰っていました」

――描くに当たって、心がけていたことなどはありますか？

「これは私が『かぐや姫の物語』の企画の前から考えていたことなのですが、作品に登場する人物をどのような絵柄で描くのか、と考えた時に、いま自分がいる空間と地続きの絵にしたい、自分の身の回りの人々を美化するわけでもなく、卑下しすぎるわけでもなく、いろいろな人物を客観的に、等価なものとして表わせたら良いなと思っていました」

――人間の顔ひとつとっても、従来の絵柄とは顔のバランスが違って見えますね。

「これも客観的にとらえることと関係あるのですが、やや正面顔の時でも、目尻から耳までの間隔を意識して取るようにしています。人間の顔は意外と左右の眼はくっついているんですよね。日本人らしいまぶたの厚みや、あごも短くなりすぎないよう気をつけました。それらの点は十二世紀頃の絵巻を見ても、ちゃんと観察して描かれていることがわかります」

――かぐや姫の時代背景は平安時代ですが、その時代の女性の顔を意識していたわけでもない？

「それは全く考えなかったです。一般的な平安美人のイメージとしては、かぎ鼻に切れ長の目、おでこにちょこんと描かれた眉、ということになっていますが、本当にそうなのだろうか、あれはどこから来たイメージなのだろうか？　と高畑さんもよくそういう話題をされていました。確かに、絵巻に描かれた女性のなかには、かぎ鼻に切れ長の目みたいなものになっている絵もありますが、そういう目で見ればそういう風に見えるし、それをあの時代の〝絵の型〟と見ればそう見えなくもない。貴族も庶民も、眼と眉の間隔はどの絵も同じにも見えますし、描き眉も意外と長いんですよ」

――翁と媼はいかがでしたか？

「媼は、描き始めてすぐに〝おばあさん〟でなく〝おかあさん〟のつもりでないといけないという、これは確信がありました。描いた絵を高畑さんに見ていただいた時も、特に注文はありませんでした。逆に、翁は基本造形は頭の中に出来上がっても、それを紙の上で定着させるのに時間がかかりました。さらに実際に絵コンテの作業を進めていくと、それまでに描いていた翁の顔だと、感情表現に無理があることが判ってきたんですね。物語の中で必要とされている表情が、最初に作った造形だと表現しにくいことが出てきたのです。例えば口ですが、最初はかなり大きめに描いていたのですが、このままだと、おやっ？　とか、あれっ？　という表情がうまく出せず、常に憮然とした表情になってしまい、目もつぶらな黒目だけでは驚きが弱くなってしまう。脇役ならそれでも構わないかもしれませんが、翁は出番も多いですからね。日本人らしい造形にこちら

少し成長したヒメのキャラクター・ラフスケッチ。田辺さんが描いたスケッチを元に、田辺さんと作画監督の小西賢一さんが清書してキャラクター設定が作られている。

5歳頃のヒメ［キャラクター・ラフスケッチ］

都で生活を始める前後の姫［キャラクター設定］

がとらわれすぎると、高畑さんの求めている表情を作り出すことができないということがわかって、それで、少しずつ翁の顔も変化していきました。一度決めたデザインにとらわれすぎないように、状況に応じて多少デザインを変形するようにしました」

――媼はおばあさんのイメージを捨てたとのことですが、翁と媼は原作では五十歳ぐらいですから、私たちの感覚からすると、そんなに年寄りではないですよね。

「そうなのです。初期の頃、翁は少し腰が曲がった感じの絵をずっと描いていたのですが、ある日、高畑監督から、後半いろいろ立ち回る場面が多いので動きやすくしておいた方がいいのではないか、という助言をもらって、現在のような感じになりました。翁のプロポーションは描くのがものすごく難しいのです。立ち姿が真っ直ぐではなく、少しだけ首が前に出ているのですが、その加減が難しい。背中が曲がりすぎても真っ直ぐになっても年齢感が変わってしまいます。それは最後まで難しかったです。絵を描く、作画する側としては初老の人間を描くのは難しい。難しいからやりがいはあるのですが……」

――作画の人たちも大変だったのでは？

「翁は特に難しかったようです。自分にも迷いがあって、上がった絵を見ては、背中のカーブに微妙な修正を入れていました。じつは、原画作業が始まった段階では、キャラクター設定を作っていなかったのです。レイアウトチェック［注1］をやりながら、シー

かぐや姫の育ての父、翁《おきな》［キャラクター・ラフスケッチ］。初期の翁は日本人らしい大きな口を特徴にして描かれている

翁の妻で、かぐや姫の育ての母、媼《おうな》［キャラクター・ラフスケッチ］

ン毎、カット毎に登場するキャラクターはこんな感じでお願いします、という風に必要としている要素を入れた絵を決めていったのですが、それだといろんなことが曖昧すぎて描きづらいという声が出てきて、作画に入って半年ぐらいたってから、ようやくキャラクター設定を作りました」

——描く時の参考にして下さい、という感じですね？

「キャラクター表は原画担当の方に配付したのですが、その絵を見ても、一体このキャラクターは何頭身なんだというような疑問はあったようです。というのも、キャラクター設定は作ったものの、レイアウトチェックの時に、基準はこうだけれども、やはりそれぞれのカットによって、必要な表現を満たすためにキャラクターのプロポーションを微妙に変えていましたので。それが余計、原画の人にとっては混乱の種となったかもしれません」

——これまでのお仕事の中で、今回のような作業のやり方は、普通なのでしょうか？

「あまり無いと思います。全く無いことはないですが、それも個人や少人数で作るアニメーションでしょうね」

——高畑監督の作品は、作画する前にセリフを録音するプレスコ方式で制作されますが、先にセリフの声がある時は、作画はどのように進めるのでしょうか？

「『おもひでぽろぽろ』（一九九一年）の時は、プレスコの収録風景をビデオで見て、顔の表情の原画を描く際の参考にしていたようですが、今回はそこまではしていません。収録したのは二〇一一年八月で、シナリオとキャラクター表はありましたが、絵コンテも途中までしか無い状態でしたので、役者さんも絵に縛られず割と自由に演じられています。高畑さんは原画担当者と打ち合わせをする前に、録音されたものを聞きながら声のタイミングを割り振っていました。監督はセリフの間を凄く大事にされるので、今ある声のタイミングはこうなんだけれども、ここはもう少しセリフの間をあけて、とか、細かい指示をしていました」

――プレスコの声によって、作画が変わったものなどはありますか？

「原画担当の方には、音声を聞いてから作業してもらっています。コンテの段階で人物の演技はかなり様式化して整理してしまっているので、変化は少なかったのですが、翁の演技は、地井武男さんのものすごい熱演もあって、コンテの絵がおとなしく見えてしまうこともありました。翁がヒメを呼びながら感情が高ぶってくるところは、原画は一度出来上がっていたのですが、地井さんの声の演技に合わせてみるとこちらで描いた基準の表情がおとなしく見えたので、原画を担当した濱田（高行）さんに謝って、よりオーバーに変更してもらいました」

――翁の絵は、地井さんにも似ていましたし、また、高畑監督に似ている場面も時折あったのですが、モデルはいたのでしょうか？

「声の配役を決める時にはもうほとんどのキャラクターの造形は先に出来ていましたので、絵に合わせて配役を考えたと聞いています。翁は高畑さんがモデルというわけではないのですが。ただ、実際の作業の中で、カット毎に監督から具体的な指示が出るのですが、その時には実演も交えて、身ぶり手ぶりを交えてやっていただけるものですから、自然と高畑さんの姿が投影された……かもしれませんね（笑）」

——今回の作品は、原画の鉛筆線のタッチを完成画面でも生かすという試みがされています。通常のアニメーションでは、原画をトレスして動画を作る段階で描き替えられることによって、全編に亘って絵の線が統一されるのですが、今回は原画の生きた線がそのままに近い形で反映されていますね。

「手法として今回の作風が特別ということはないと思います。前作の『となりの山田くん』でもそういった取り組みがなされていますし、『キル・ビル』（二〇〇三年）のアニメパートや『ドラえもん　のび太の恐竜２００６』など、デジタル撮影になってから個性的な線のアニメーションがどんどん増えてきているのではないでしょうか」

——コミックスで漫画家によって絵の線の太さが違うように、原画担当者によっても鉛筆線の太さや線の強弱が違うと思いますが、どのようにタッチの統一をしたのですか？

「それに関しては、作画監督の小西賢一さんが頑張ってくれました。私の描く線には、

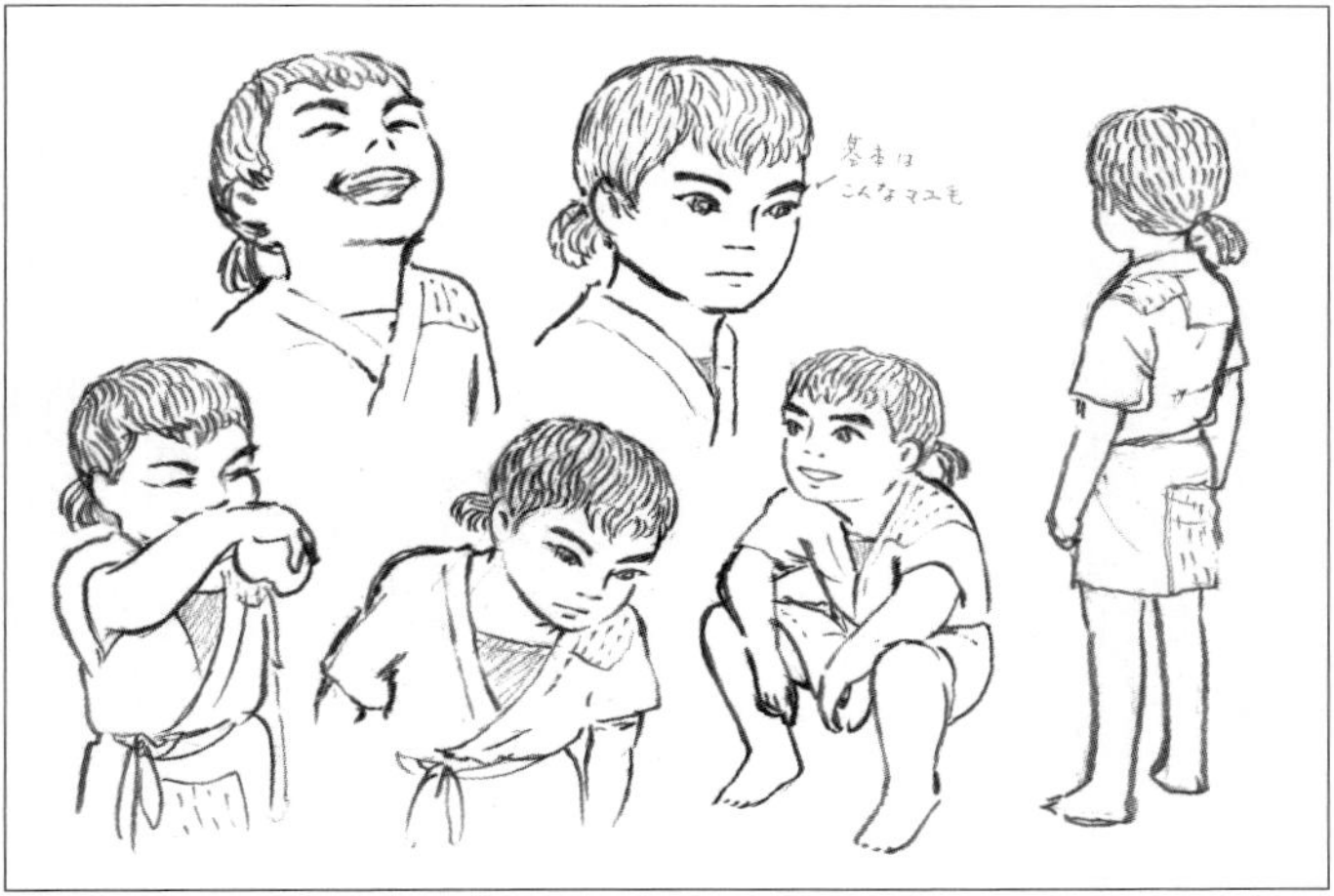

ヒメの幼なじみ、捨丸《すてまる》の少年時代［キャラクター・ラフスケッチ］

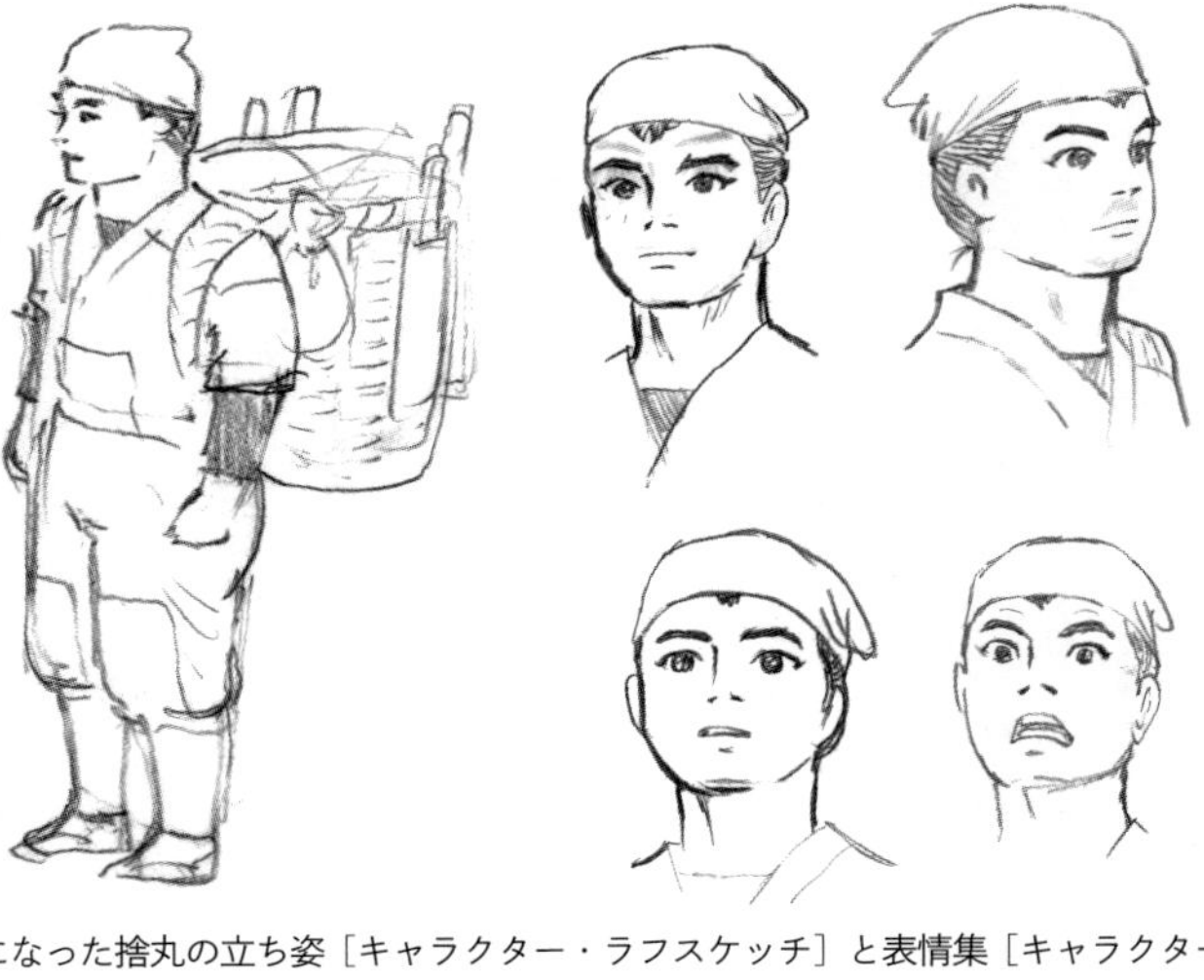
大人になった捨丸の立ち姿［キャラクター・ラフスケッチ］と表情集［キャラクター設定］

ある程度の法則性があるみたいで、小西さんはそれを見抜いて、上がってきた原画の修正指示を細かくやっています。それから動画の段階では、動画検査の野上麻衣子さんが厳しいチェックを入れてくれました。動画一枚一枚まで線の強弱などの統一を図ってくれています。

このことについては、『となりの山田くん』の時にも感じたのですが、線画で見ている時は描いた人の個性が強く出ていても、それに色が付くと、一枚の絵で見た時ほど違和感はなく、緩和されるような気がしました。原画の一枚一枚のバラつきはあっても、色が付いて動いてしまうと、何か統一感が出てくるんですね」

――アニメーションならではの映像マジックですね。作画の方にはどのように依頼したのですか？

「当初、原画担当者の方には『とにかく原画の線そのものは気にせず描きやすい線で描いて下さい』とお願いしました。無意識に描いたものが面白ければ、それを生かそうと思っていたからです。しかし、自由に描いてもらうと、キャラクターの感じがすごく変わってしまう――実写でいうところの俳優が変わってしまったように見えてしまうこと――があって、後半、新しく入ってくれた原画の方に対しては、線の細かいニュアンスまで合わせて下さいとお願いするようになりました。ただ、シーンによっては、原画の個性をそのまま活かした箇所もあります。予告編でも使っている姫が疾走する場面を描

姫の身の周りの世話をする侍女、女童《めのわらわ》［キャラクター設定］

いているのは、橋本晋治さんというアニメーターですが、すごく個性的で伸び伸びとした線で、これについては一切手を入れていません。そういったシーンがいくつもあります」

――しかしそうなると、原画の中割り［注2］**をする動画の作業も大変でしょうね？**

「今回の、動画の仕事は本当に大変だったと思います。原画の線を生かしながら、原画の部分修正など、別紙に描かれたものも踏まえて一枚一枚描いていかなければなりません。また、着物の柔らかさを出すために、模様はCGを使わず一枚一枚、生地の流れに沿って描いてもらいました。それら複雑化した素材を、ひとつの絵に合成したため、垣田（由紀子）さんをはじめ、仕上の方への負担は相当大きかったと思います」

――中割りと言っても、かなりの技術を必要とされますね。

「『となりの山田くん』の時は、原画の方に中割りまで全部描いてもらって、クイック・アクション・レコーダーで高畑さんと一緒に動きをチェックしたのですが、今回は『となりの山田くん』よりもずっと線が多い絵柄なので、さすがにそこまでのお願いはできませんでした。でも、『となりの山田くん』にも参加していた何人かの原画の方々は、『本当はそうしてほしいんでしょ？』と言って、中割りまで全部描いてくれました」

――作画監督の小西賢一さんも大変だったでしょうね。

「私の絵を尊重しながらも、小西さんはその一枚一枚の絵に魂を込めてくれました。こちらが描いた絵だとちょっと淡泊になりがちなんですよ。特に姫は知性的で繊細な表情にしてくれたと思います。また、作画チェックに追われて私の所にカットが山積みになってくると美術の男鹿（和雄）さんが、私がキャラクターを見る前にどんどんレイアウトチェックをしてくれました。これは本当に助かりました。それとラストの、月の人びとのお迎えシーンは百瀬（義行）さんがコンテとレイアウトを担当してくれたりとか、あいまいで複雑化した素材を根気よく撮影していただいた中村（圭介）さん等々、他にも挙げていけばきりがないのですが、今回はそういったスタッフの方々に助けられて、ようやく完成できた作品でした」

注

1　レイアウトチェック……作画打ち合わせの後、アニメーターの描いたレイアウトを監督や作画監督が検討し、小道具やキャラクターの位置などが修正されて、画面構成などを決める。『かぐや姫の物語』ではおもに田辺修と男鹿和雄が担当した。

2　中割り……一カットの中で動作を見せる場合、動作の始まり、動作の途中、動作の終わり、など動きのキーとなるポイントを原画で描き原画と原画の間に動画を入れていく作業を中割りと呼ぶ。動画の枚数によって、動きのスピード感や意味合いが変わってくる。

たなべ・おさむ◉一九六五年生まれ、岡山県出身。岡山大学教育学部を卒業後、作画スタジオ　オープロダクションに入社。ＯＶＡ『八犬伝』やＴＶスペシャル『雲のように風のように』等の作品に携わった後、フリーになり、劇場用映画『ユンカース・カム・ヒア』（一九九五）、ＴＶ『名犬ラッシー』（一九九六）等に参加。スタジオジブリ作品では『おもひでぽろぽろ』（一九九一）、『平成狸合戦ぽんぽこ』（一九九四）の原画を担当。『ホーホケキョ　となりの山田くん』（一九九九）では百瀬義行と共に、絵コンテ・場面設定、演出を手がけた。長編作品以外では、「アサヒ飲料旨茶」（二〇〇一）、「LAWSON『千と千尋の神隠し』チケット」（二〇〇一）、「同『崖の上のポニョ』チケット」（二〇〇八）、「読売新聞」（二〇〇四・二〇〇五）等のＣＭ、ＰＶ「どれどれの唄」で演出・作画を手がけた。

美術

男鹿和雄

自然な余白を残すように描いた
浅すぎず軽すぎない
「あっさり感」のある背景

――まず『かぐや姫の物語』の美術監督を引き受けることになった経緯からお聞きします。

「スタジオジブリ作品の背景画展（二〇〇七〜二〇一〇年「ジブリの絵職人・男鹿和雄展」）が全国各地を巡回している頃から、高畑監督が新作の企画を進めているという噂はそれとなく聞いていたんです。直接話を聞いたのは、確か二〇〇九年の新潟展の時でしたか。もっとも、その時は特に打診があったというわけではなかったのですが。

それで最後の巡回先であった神戸展の時に、プロデューサーの西村（義明）さんから『一度、高畑さんの仕事を見に来ませんか』と誘われて。まだ準備室といっても机が二つくらいしかないスペースで高畑監督と作画の田辺（修）さんが打ち合わせをしているところにお邪魔しました。その時に監督が『伴大納言絵巻』の部分を拡大して載せている豪華本の画集を見せてくれて『小さなものを拡大すると面白いでしょう。筆で描いた線のざらつきとか、失敗した跡まで見えるんですよ』と嬉しそうに言う。小さく描いた絵を拡大したら、どれだけ面白いかということを力説していましたね。そのあと、みんなで喫茶店に行って、また二〜三時間、高畑監督が『竹取物語』や平安時代のことをいろいろ話してくれたのですが、どういう役割で参加してほしいといったことは監督もプロデューサーも具体的には言い出さない。こちらはこちらで、背景の一人としてだったらお手伝いできるかな、と思いながら、美術監督としてだったら、どうやって断ろうかと考えてはいたのですが、正式の依頼もないままだったのでそれもできない（笑）。実は『もののけ姫』の時は五人の美術監督のうちの一人だったし、その時もすでに自宅で作業をしていました。それ以前にスタジオに入って仕事をしたのは『耳をすませば』で、あれから二十年近く経っているから、また現場で大勢の美術スタッフをまとめながらやるのは今の自分には難しいだろうなと思っていたんです」

――それが結局、引き受けることになったわけですね。

「準備室を訪ねた帰り、西村さんが自宅まで車で送ってくれる、と言うんです。僕は車で送られるのは好きじゃないから、電車で帰ると言ったんですが、何度か押し問答した後、結局押し切られて車で送られることになったんですね。その車中で、高畑さんの体調があまり良くないことや、おそらく最後の作品になるだろうなどと聞かされました。今のアトリエで一人での作業ならやってもらえるだろうか、など話しながら、戻り着いた我が家で夜食を食べて帰りました。そのあとしばらくは、『借りぐらしのアリエッティ』の仕事を手伝っていたのですが、それが終わった頃を見計らって、西村さんが高畑監督を連れて僕の家まで来たんです。監督が自宅まで来てじきじきに要請されたら、これはもう断れないじゃないですか（笑）。

もちろん高畑監督にはこれまで本当にお世話になっていますから、恩返しの気持ちもあってお手伝いすることになったのですが、最初は〝山編〟だけを手掛ける予定でした。西村プロデューサー曰く、『姫が子供時代を過ごす前半の山里の部分だけだったら、自宅で一人ででも描けるじゃないですか』って。ということは、それだけ制作に時間をかけるということですよね。三〜四年か、長ければ五年くらいかけて作る映画で、スタジオに通わずじっくりと自分のペースで描けるならいいなと思っていましたが……、結果的にはそうはなりませんでした（笑）」

――二〇一〇年の六月に『かぐや姫の物語』のためのスタジオ（通称・かぐスタ）がオープンして制作が本格化しますが、男鹿さんが実際に作業を始められたのはいつ頃でしたか？

「四月頃まで『アリエッティ』をやって、その後に絵本の仕事を挟んで、十月くらいからですね。翌々年の二月に新しく第7スタジオが稼働するまでは、ずっと自宅で描いていました。なかなか大勢のスタッフがいるスタジオに入っていく踏ん切りがつかなくて、一週間に一回くらい、いろいろと思うままに描いたものを持っていって監督に見てもらう、というようなことをしばらく繰り返していました。

その後、パイロットフィルムを作ることになって、田辺さんが描いた、翁が木々の間を歩いている大きな絵の背景を描いてくれという監督からの注文があったんです。それで一応、実作業に入る前の準備として、三泊四日で京都へ取材に行ったりもしました。息子に運転手を頼んでレンタカー借りてね。大原あたりの植生や地形、それに谷川や渓流の様子などを見て写真を撮ってきたんです。

それは特にどの場面の参考にしたいからということではなくて、山編全体の雰囲気を考える上で何か役立てばいいなという感じだったんです。あとはその時代に無いものを描かないようにすればいいわけですから、そこで見てきたものをもとに美術ボードというか、それより前の段階のイメージボードのようなものから描いていきました」

——この作品の背景画は、わざと色を着けていない部分、白い空間を残すような描き方が特徴になっていますが、それは最初から高畑監督の狙いだったのですか？

「僕は後から参加したわけですけど、すでに監督と田辺さんはイメージボードや絵コンテでそういう方針を固めていて、あまり細部は描かないで全体にあっさりした絵柄にしたいということでした。作画の人物も背景美術も筆で描いた水墨画のように、線がかすれた部分や塗り残したような余白を活かしたいと。もともとの田辺さんの描いたイメージボードはかなり小さい紙に描いたものでした。それを撮影する時に拡大すると線が太くなって、描いた時の筆の勢いとかざらついた感じとか、最初に高畑監督が見せてくれた『伴大納言絵巻』の拡大写真のような面白い味わいが出る。それがこの映画の基本的なイメージだというところから始まっています。

僕としては、これはまだイメージボードの段階だからラフな感じだけど、実際の背景画はもう少し描き込んだほうがいいだろうと思って、最初の頃はフレーム（画面）の小ささにはこだわらず、普通の大きさで従来のように少し密度のある描き方をしていましたが、この作品はそうではないと。自分ではかなりあっさり仕上げたと思った絵でも、監督はその一部、空間の多いところをさらに拡大コピーして見せてくれて、もっと色や描き込んだ部分を飛ばしてしまっていいと言うんです。

ですから、いきなり完成作品のような背景になったわけではなくて、少しずつ描き方を試すようにして高畑監督と田辺さんの反応を見ながら、二人が求めているものに近づけていく感じでした。いつもより力を抜いた感じで描いたつもりの絵でも、監督と田辺さんはまだまだ普通だというような顔で見るんです。そういうやりとりを何度も繰り返しながら描き方を試行錯誤しました。その点では、田辺さんのイメージボードが非常に

男鹿さんが描いた、構図や色味などを
スタッフが検討するための主要なシーンのボード。

かぐや姫の誕生。原作に沿って、
竹が光って、いつの間にか生ま
れていたように描かれた

姫が育った翁の家。京都の大原で取
材した農家をもとに描かれている

草むらに隠れて、ウリを食べるヒメと捨丸

参考になったし、田辺さんの絵の雰囲気に合わせた背景美術というのをずっと目標にしていました」

——後半の都編の背景、建物なども思い切って大胆に省略されているのが印象的ですね。

「高畑監督が言うには、平安時代の街や建物に関してはほとんど絵巻しか参考になるものがないし、誰も見たことがないんだから、あまり力を込めないでサラッと描くようにしたいと。それよりも山の風物を丹念に魅力的に描きたい、それはかぐや姫が月に帰りたくないと嘆くのは、捨丸たちと過ごした山の生活が楽しかったからだという作品のポイントにも繋がっているからなんですね。そういう高畑監督の考えもあったから、あまりラフすぎてもいけないので都編より山編のほうが比較的、色味や描き込みのある絵になっています。

それに実際問題として制作が進んでいる段階で、途中から僕が歴史的なことをきちんと調べて、平安の頃の都を描くのは大変だし時間もかかるのでやめました。そういう研究なら高畑監督や田辺さんがこの映画のためにもう何年も前から資料を集めて検討してきたわけで、それに関しては絵コンテも出来ているし、田辺さんのイメージボードもある。わからない時は二人に聞けばいい、というところからスタートしました。

山編にしても都編にしても、田辺さんの独特な絵にはいろいろと刺激を受けました。自分では線の強弱をつけたラフな絵づくりといった描き方をするよう気をつけてきたつもりだったけど、油断すると意外と面白味のない、平均的な線ばかりになっている。田辺さんのイメージボードは、例えば都の屋敷の柱の根元、床との境目に太い線を入れたり、竹林の手前の竹の片側の線をかなり太くして遠近感を出したり、なかなか面白い描き方をしているんですよ。線だけでなく色の使い方にしてもけっこう斬新なところがありました。田辺さんなりの感覚的なものだと思いますが、僕の場合は割合きちんと収まってしまう感じで、そこはなかなか近づけなかったかなという反省はあります。高畑監督は『反省はあまり口に出して言うべきではない』と言っていましたが（笑）」

――あまり描き込まない、密度を控えた背景美術ということで、男鹿さん自身、これまでとは違う描き方に取り組まれたわけですね。

「それは僕だけじゃなくて、他の背景スタッフにも難しかったところです。みんなに好きなようにラフな描き方をしてもらえばそれぞれの持ち味の中でのびのびとした絵になったと思いますが、やっぱりアニメーションの背景という条件の中では約束事や合わせなければならないことがあって、なかなか自由奔放な線にはなりきらない。この映画で高畑監督が目指している、絵巻や水墨画のような筆で描いた線の魅力。これは簡単に出そうと思って出せるものじゃないですよ。

一筆で楽に描いた、自然な勢いのある、拡大した時にさらに魅力を感じさせる線が理想ですが、それらしく見せるために丁寧に少しずつ描いた線は、拡大するとあまり魅力のある線にはなりませんね。それに原画の人が描いたレイアウトの背景原図には、説明の文字や絵に必要のない線なども描かれてあるので、それぞれのシーンを担当する美術スタッフが背景用の原図に描き直して、線の使い方から研究してもらいました。それを画用紙にコピーをして下描きとしたんです。写真コピーだと元の線とほとんど変わらないので、ちょっと失敗したと思っても一から原図を描かなくても、簡単に着色をし直すことができました」

――そういうふうに線を活かすというのが、この映画の大きな特徴だったんですね。

「いつも使っているポスターカラーだと線が潰れたり隠れたりしてしまうので、今回は透明水彩を使っています。

ただ、ちょっとしたスケッチでは使っていても、長編作品の背景をすべて透明水彩で描くのが初めてというスタッフばかりで、みんな苦労していました。一筆でサラッと描けると、それが一番いいんです。塗りのムラが出たとしても、それも味になりますから。そこで薄かったからといって、上から何度も繰り返して塗ってしまうと、色が重く汚くなるんです。一発で塗って、いい感じに余白ができればいいけど、余白が少なすぎたとか、全体はいいけどこの部分にこのくらいの余白が欲しかったなとか、わかったりするから、そういう時は、もったいないと思わずに画用紙を何枚でも使っていいということで、始めから描き直してもらうこともありました」

――その余白を残すというのも今回の背景美術の特徴のひとつですが、描き方には何か指定はあったのですか？

「それは描く人それぞれの感覚に任せました。高畑監督のＯＫも余白そのものがどうこうではなく、それも含めた全体の絵の軽さみたいなもので判断しているところがありましたから。それなので形や大きさに決まりはありませんが、同じ大きさや左右同じだったりの余白では面白くない。さっきも言ったようにサラッと描いたラフスケッチのような絵であれば、まず同じ大きさとか左右対称の形にはなりませんからね。もうひとつ難しかったのは、従来の背景では描いたり塗ったりした筆の終わりの部分は全部フレームの外に出ていたけど、今回はフレームの内側に残して、しかも、それが絵になるように見せなくてはいけない。これまでとはまったく違ったやり方なので、スタッフはみんな大変な努力をしたんです。

そういう余白を残すための一筆の描き方と、あまり使い慣れてない絵の具（透明水彩）で描いてもらわなければならないので、背景のスタッフには筆の使い方、色の塗り方に慣れてもらうために、スタジオに入ってから一カ月くらいイメージボードなどを模写しながら練習してもらいました。それでも意識的すぎると、どんなにいい形になったと思っても、どこかわざとらしく感じられてしまう。人間の技というのは結局、描いた勢いでできる筆の塗り残しのように、偶然から生まれたものには敵わないですよ。

文机に向かって書きものをする姫。
初期に描かれたものは、空間が狭く、壁に映った影が強調されている

居室での姫と筆頭女房の相模《さがみ》。
本編では二人の着物の色はそれぞれ赤と紫に変更されている

丘の上で咲き誇る満開の山桜の下で、
子供のようにはしゃぐ姫

山の暮らしを懐かしみ造られた離れの中庭。
様々な草木が植えられている

遠い地球を眺め懐かしむ、月に住む先人

それに描いてみないと、ここに残した余白が効果的かどうかというのはわからない。後からポスターカラーで白く塗って余白を描いても、全然違うんですよ。いろいろ試して水彩のクレヨンを水で溶いて塗ったら少しは良くなったんですけど、塗ったとわかるのがどうしても嫌で、最終的にこんな方法を編み出しました。どれくらいの余白を作りたいかある程度決めて薄く線で描いたところにカッターで切れ目を入れて、一部だけ切らずに残しておいてピッと素早く剝がすと、これは画用紙の色の白なので、ちょっと自然な感じの余白っぽいものが出来るんです。自分の絵だけでなく他のスタッフが描いた背景もそうやって直していったんですが、その人が見ている前でカッターを取り出すから、みんな何をするんだろうとびっくりしていましたね（笑）。この方法は結構いろいろなところで使っていますよ」

——練習に一カ月かけるというのも異例だと思いますし、いまの余白の作り方の工夫も興味深いですが、男鹿さん自身が苦労された点はどんなところでしたか？

「いま言ったように今回は小さいフレームで余白が多いから、描く面積が少ないという意味ではいくらか気が楽でしたけど、やはり『あっさり、軽く、でも退屈しない程度にラフな感じで描く』という監督の方針に沿うのは難しいところもありました。あまり浅すぎても軽すぎてもアニメーションの絵にならないだろうと感じたので、田辺さんの絵にちょっと肉付けして、ある程度の密度や立体感を加えるのがちょうどいいかなと、そんな考えで取り組みました。

そういう意味では、特にこの映画では背景とキャラクターの一体感をより深いものにしたいということで、美術として田辺さんの世界に少しでも近づけようとしたつもりだけど、どこまでそうできたかどうかは自信がないですね。ラフで自在な線をうまく作れなかったというか、けっこう自分なりの描き方で終わってしまったかも知れません。

それとスタジオでの作業には長いブランクがあったので、制作現場のデジタルの普及には浦島太郎のような気分でした。チェックの時に監督を含めてみんなで小さいモニターをのぞき込んでいて、いまはあんな窮屈な思いをして作っているのかと驚きました。色に関してもモニターごとに色味が違って見えると言うし、デジタルだと数字で決めていくわけでしょう。実際に絵の具を使っていれば、この色とこの色を混ぜるとこんな微妙な色になると経験的にわかるけど、そういうことを伝えていく機会がなくなって、共通する色のイメージや微妙な色の違いが想像できなくなっていくのかなと、ちょっと心配にもなりましたね。

もちろんデジタルならではの利点もあって、随分助けられてもいます。一枚絵として完成させたいけど、スケジュールの都合で間に合いそうにない時に、一部を別描きにしてデジタルで合成し重ねてもらうとか、そういうことができるようになりましたからね。あまりそれに頼りすぎてもいけないし、やっぱり使い方次第なんでしょうけど、そういうこともわかって、いろいろ反省はあるけど面白い仕事だったと思います」

おが・かずお◉一九五二年秋田県生まれ。アニメーションの背景美術会社小林プロダクションで小林七郎に師事。TVシリーズ『ガンバの冒険』の美術設定などを手がける。『となりのトトロ』『おもひでぽろぽろ』『平成狸合戦ぽんぽこ』『もののけ姫』（共同）で美術監督を務めるほか、ほとんどのスタジオジブリ作品に参加。著書に『男鹿和雄画集Ⅰ・Ⅱ』『秋田、遊びの風景』ほか。

対談

プロデューサー 西村義明 × スタジオジブリ プロデューサー見習い 川上量生

伝説の男・高畑勲はいかに帰還したのか？

『ホーホケキョ となりの山田くん』から『かぐや姫の物語』公開まで十四年。
『かぐや姫』制作当時、〝プロデューサー見習い〟としてスタジオジブリに在籍していた
川上量生（現・ドワンゴ取締役CTO）が、
完成までの道のりを若きプロデューサー西村義明に聞いた。

高畑勲の映画の作り方

西村 『かぐや姫の物語』、ご覧になっていただいたんですよね？

川上 観ました。

西村 どうでした？

川上 とにかく完成度が滅茶苦茶高いですよね。普通の映画だったらこうなるだろうと

いうところが、全てそうならない。過剰な演出を一切やらない。僕の印象はとにかく完璧だということです。

西村　絶賛じゃないですか。

川上　映画の素人の僕が言うのも何ですが、全てのシーンが完璧に見えました。

西村　高畑さんは音楽作業をやっていても思いますけど、音楽の付け方一つとっても高級です。過剰にならないし、引くべきところは引く。すごいです。作画の指示、絵コンテ、脚本、一つ一つに対して考えがある。感覚をちゃんと言語化できる人ってそんなにいないと思うんですけど、その点で高畑さんはすごい。

川上　音楽もすごく控え目ですよね。普通の映画は、音楽の力で無理やり感動させられたと思う瞬間が結構あるんですけど、そういうのが全然ない。

西村　それは高畑さん嫌いますね。感情に先行して音楽が出てくるのは絶対嫌うし、同時も嫌う。音楽をつけてしまえば感情は流れていくけど、音楽に流されず観客に緊張して観てほしい場面もある。

川上　本当に無駄がないですよね。二時間十七分って長いじゃないですか。『竹取物語』は短い話だから、普通に考えると水増ししてるはずなんだけど、全然そうは思えない。最初の方で赤ん坊が成長するシーンとかもすごく簡潔ですよね。

西村　あそこは姫の急激な成長をどう表現するかずっと考えていましたから。

川上　そういうところもさらっとやっているのに二時間十七分もある。すごい。でも削って二時間十七分なんですよね。

西村　最初は三時間半ありましたからね。それを削って二時間十七分。そのバージョンも観てみたかったですけど。

川上　僕はこれでも短いと思いました。

西村　なんでしょうね、このテンポ感。話を追っていったら終わっちゃう。端折っているわけでもない。人間の感情を丁寧に描いている。でもこのテンポ感。それはまだ解明できていないです。

川上　僕、映画を観ていて「このシーンはなぜあるんだろう？」と不思議に思うことがよくあるんです。それは自分の感性の問題なのかなと思っていたんですけど、『かぐや姫』はそういうシーンがなかった。全部を理解したと言うとおこがましいけど、すーっと自分の中に入ってくるんです、物語が。すべてのシーンが。

西村　第一には、脚本の力が大きかったと思います。坂口理子という脚本家の力です。坂口さんは女性の気持ちを描くのが上手い人で、坂口さんが書いたNHKの『おシャシャのシャン！』というドラマを高畑さんも僕も観ていて。劇中で重要な意味を持つわらべ唄も坂口さんのアイデア。脚本としてまとめていく上でも坂口さんの力なくしては語れなかった。

川上　僕は女性視点の物語だと思ったんです。かぐや姫はちょっとワガママな女の子じゃないですか。それを観た時に思ったのは、個人的なことですけど「(僕の)彼女のワガママは受け入れてあげなきゃダメだな」ってこと。そういうことを考えさせられるのがすごい。たぶん僕は『かぐや姫』を観て女性の心の動きを理解したと思った、ということです。

西村　高畑さんの脚本の作り方というのは、よく快楽原則と現実原則という話をするんですけど、「宮さんの映画は快楽原則でできてる」と。つまり、お客さんが「こうあって欲しい」と願うものを実現していくことが、物語の動力になっているものです。その例が『千と千尋の神隠し』のエンディング。「この豚の中にお父さんとお母さんはいない」と千尋が正解を言うことを観客は願っているから、それを実現してあげる。「この子に見つけて欲しい」という願いを叶えるのが快楽原則。でも実際は見つけられないのが現実。高畑さんはその現実の方を作っている。かぐや姫がワガママに見えるとしたら、平安時代の慣習を知らない月から来た女の子、つまり現代の女の子みたいな何も知らない子が平安時代の現実にぶち当たった時に、どう反応するかということを現実的に描いているからです。

川上　それで観ている方はそのワガママを「仕方がないな」と思うんですよね。

西村　あと、高畑さんがよく言っていたのは「脚本家に脚本を頼むとストーリーを作る。

でもストーリーじゃダメなんだ。特にアニメーションの脚本は描くべきシーンの集積でなきゃいけない」と。『ホーホケキョ となりの山田くん』は特にそうですけど、このエピソード、このシーンは描くに値するのかどうかでチョイスしていく。そういうエピソード主義に傾倒していった。

川上 その反対に、普通だったらあるはずのシーンがないんですよ。おそらくそういうシーンがあると俗っぽくなる。

西村 説明になっちゃいますからね。たぶん宮崎さんも同じことをやっていて、宮崎さんは脚本を書かないけど、イメージボードを描くじゃないですか。それって描くに値するシーンなんですよ。それを描いた後に絵コンテに入る。高畑さんがやっていることと同じですね。

川上 本当にそうですね。

西村 そういう作り方をしている人はあまりいない。昨今のプロデューサーシステムで、プロデューサーが作った脚本を監督に渡すという方法だとできない。演出家と脚本家が一緒じゃないと。

川上 いいシーンを長々とやらないのがいいですよね。それでいて感情が伝わってくる。本当に余韻が残ります。基本的に感情移入はさせない。

西村 そこの割り切り方はすごい。させるんだけど、させすぎない。それを意識的にやっています。「宮さんのは思い入れる作品だけど、僕のは思いやる作品です」と高畑さんはよく言います。「思い入れる」って、その人物に感情移入して同化する映画です。反対に、高畑さんのは他人の人生を思いやって、「こう思っているのかな？」と察しながら観ていく映画。

川上　本当にそうですね。僕も自分のことより、周りの人間のことを考えながら、「あの人は本当はこんな感じだったんじゃないか？」という視点で観てました。確かにそういうことができる映画って今は特に少ないかもしれない。みんななり切って体験する、疑似体験型。

西村　でもそれは日本のアニメーションが得意としてきたことなんです。西洋と比較すると、西洋は物語を客観的に見せるものが多いけど、日本のアニメーションは感情移入させることに長《た》けていた。だから世界に出ていけた、と高畑さんがよく言っています。

川上　でも自分は感情移入型はやらないわけですね。

西村　そこは単純に好き嫌いの問題でしょうね。

曲者揃いのアニメーターたち

川上　今回のアニメーションの技術的な特徴についても聞きたいんですけど、僕が観て面白かったことのひとつは、スタッフロールです。例えば、高畑さんに次ぐポジションのアニメーターの田辺修さんが「作画監督」じゃなくて「人物造形・作画設計」という今まで見たことのない肩書きになっている。その後にまた「塗線作画」という謎の役職の人が大量に出てくる。その辺りが今回の作り方を特徴づける部分だと思うんですけど。

西村　技術的なことを話し出すと本当にややこしいんですが、今回高畑さんが実現したかったことのひとつは、この「線」です。『風立ちぬ』と比べたら明らかですが、人間がスケッチでざざっと描いたような線を活かすことがひとつの挑戦だった。で、詳細は省きますが、こういう線だとそのままではコンピューターで色を塗ることができないから、もう一枚塗るための線を描く必要があった。それを「塗線」と呼んでいて、それを描く人たちが百人ぐらいいる（笑）。『山田くん』の時に高畑さんが発明した手法です。

川上　線を描くより塗るのが大変？

西村　線も大変ですよ。今回は手描きのタッチを活かすために、たぶん日本の商業アニメーションで初に近いと思いますが、線をパソコンに取り込む時、白から黒までの階調をグラデーションでスキャンしてるんです。原画マンが動きのキーになる絵を描いて、その間の絵を動画マンが一枚一枚描いていくんですけど、今回はその濃淡、太さ、入りと出を習字のように完璧に真似て描かなければならなかった。これは本当に狂気の沙汰です。

川上　もはや一般的な動画の仕事じゃないですよね。

西村　できる人は限られていました。高畑さんは葛飾北斎と比較していましたけど、北斎というひとりの人間が描いたものを版画家たちが刷ることで浮世絵が流通した。今回、あるひとりの人間が描いたような画面を作るために、その裏には大量の職人たちが関わっている。

川上　逆に高畑さんがやりたくても諦めた技術はあったんですか？

西村　うーん……背景が水彩画だから、キャラクターの色付けも全部水彩にしたかったんじゃないですか。

川上　それはすごいですね（笑）。

西村　部分的にはやっているんですよ。これも狂気の沙汰ですけど。予告編で姫が疾走するシーンがあるんですけど、あの辺りは全部水彩で塗っています。アニメーターが描いた何百枚という絵を画用紙に印刷して、一枚一枚手作業で水彩で塗っているんです。それをやり始めた時に「この映画、絶対完成しない」と思った（笑）。これは不可抗力で、僕は経験がなくて現場を知らなかったから、制御しようがなかったんです。

川上　それがいかに大変なことかわからなかったわけですね。

西村　最初は「え？　何か水彩で色塗ってるけど、いいの？」みたいな感じです。制作のスタッフが「ダメですよ、西村さん！　こんなことやらせちゃ」とか言ってるんですけど（笑）。でも僕も学習してだんだんわかってくるんで、途中からはスタッフに「水彩動画をやり出したら俺に全部言え。俺が止めに行くから」って言って。放っておくとやりだすんですよ、田辺修というアニメーターが。

川上　すごいですね（笑）。

西村　この田辺さんがすごい人で、絵コンテも大変でした。脚本を元に高畑さんがラフに描いたコンテを田辺さんが形にしていくんですが、前半かぐや姫は山で暮らしているでしょ？　田辺さんが「僕、山で暮らしたことがないから実感が湧かないんですよ。だから全然描けない」って。そこで絵コンテが止まるんですよ。

川上　じゃあ、山のパートは後回しになったんですか？

西村　最後まで持ち越しました。キジを追うシーンなんかは最後の最後にコンテが出てきました。「キジを追ったことがないからわからない」って（笑）。この作品の最大の特徴であり、スケジュール面での最大の難題が、この田辺修という絵描きなんです。彼は極めて天才的なアニメーターです。これは誰もが認める。たぶん宮崎さんも認めている。なぜ天才かというと「実感」なんですよ。実感がこもった動きを作らせたら、彼の右に出る者は誰もいない。高畑さんもそこを見込んでいる。なぜ実感をこめて描けるかというと、実感が湧くものしか描けないから。つまりコンテが進まなかったのは、田辺修の実感が湧かなかったから。「平安時代の人がどう笑ったのか、どう食べたのか、どう歩いたのか、まったくイメージが湧かない」と。嘘を描きたくないんですよ。それは高畑さんも同じ。だから本物になるまで時間がかかる。苦労しました。五年間で三十分しかコンテができなかった。

川上　でもすごくリアルですよね。すごい話です。実感ですか。

西村　あまりそういう人はいないです。宮崎さんはキャラクターに入り込んで、感情を描いていく。『借りぐらしのアリエッティ』の米林宏昌監督なんかもそういうアニメーターのひとり。でも田辺さんは感覚を描く。「あの感じ」を描く。そこが彼の魅力なんです。

川上　今回は日本のトップのアニメーターが勢揃いしているそうですね。田辺さんが人物造形・作画設計で、作画監督の小西さんがいて、メインの作画の方は四人名前が挙がっていました。

西村　本当は五人いたんですけど、ひとりが自分の名前は載せるなって。理由は「ジブリ作品は目立つから」（笑）。僕も高畑さんもさんざん説得したんだけど、全然言うこと聞いてくれない。べらぼうに上手いアニメーターなんですけどね。松本憲生です！　書いておいてください。

川上　いいんですか？（笑）

西村　雑誌に載るのは構わないって。

川上 そういう曲者たちをまとめるのって、大変じゃなかったんですか？

西村 大変ですよ！

川上 船頭が集まって漕いでいる船みたいなものですよね（笑）。

西村 いっぱしの腕利きが集まっているわけで、その人たちに、ひとりの人間が描いたようなものを作れというわけですから。例えば、橋本晋治というアニメーターは、ある日、もうやってられないと思って僕に「もう辞める」って言いにきたんです。デスクに座っていた僕の後ろに立って「西村くん」って呼んだらしいんですけど、僕はちょうどキャスティングの準備でイヤフォンをして役者さんの声を聞いていた。だから聞こえなくて僕が全然振り向かなかったから、「これは天の思し召しだ。最後までやり抜けとこの背中は語っているのだ」と思ったらしい（笑）。それで最後までやってくれた。

川上 すごくいい話ですね。

西村 その橋本さんが姫が走るカットを描き、桜が舞っているカットを描いてくれた。色気のあるカットは彼がすごい力を発揮してくれたんです。

川上 その時、振り返っていたらおしまいだった（笑）。

西村 本当に良かった。それ以外にも、みんな辞めていこうとしましたからね。

川上 実際辞めた人もいたんですか？

西村 いや、結局あまりいなかったです。その都度辞めないでと説得したので。

川上　西村さん自身が、もう本当にギリギリな感じでしたからね。

西村　僕、いつも辞めたいと思っていました、月一回くらいですけどね（笑）。

川上　西村さんの苦労話を聞くと、みんな元気になるんですよね。鈴木さんは一時期、元気がない人を見つけたら西村さんの話を聞かせて元気にするという、西村さんを薬扱いしてましたよね（笑）。

そして物語は続いていく

西村　でも、完成しましたよ。

川上　しましたね。少し前に高畑さんにインタビューさせていただいた時に、西村さんをプロデューサーとしてどう評価しているのかと聞いたら、その答えが高畑さんらしくて、「プロデューサーとしての評価をする立場に自分はない」と。

西村　言いそうですね（笑）。

川上　ただ、「監督として言えば、最高のプロデューサーです」とべた褒めしていました。「今までこんなに自由に作品を作れたことはない」って。

西村　僕は高畑さんが自分のことをどう思っているかは一切興味がないし、だからやってこられた部分がありますけど、僕が思っていたことは「高畑勲が最後にやりたいことがあるんだったら、それをやったらどうですか？」ということだったので、高畑さんがそう思ってくれているんだったらよかったですね。

川上　目指していたことが実際に実現できたということですか？

西村　一〇〇％ではないと思いますが。

川上　たぶん満足するレベルには達しているということですよね。

西村　やりたかったことはできたんだと思います。完成した時、嬉しそうでした。あんなに満足した高畑さんの顔はあまり見たことがなかったですから。ちゃんといいものができたという自覚があるんじゃないですかね。

川上　噂によると、高畑さんは非常に意気軒昂で、既に次回作の話も……。

西村　音響作業が終わった日ですよ。ファイナルミックスという最後の作業が終わって、二時間十七分通し見して、まず最初に高畑さんが言ったこと。これは本当によく覚えてるんですけど、僕の方を振り向いて「もう終わりなんですか？　僕が今ＯＫと言ったら映画は終わりですか？」って。「ええ、完成です」と言ったら「まだやってたい」って。

川上　ははははは（笑）。

西村　そこから延々、二、三時間、大げさに言うと必要のない直しを続けるんです。終わらせたくないから。で、ようやく終わって「完成です！」と帰るじゃないですか。

……その帰りの車の中でいきなり『平家物語』の話を始めるんです。

川上 すごい話ですねえ（笑）。

西村 「いやだからね、『平家物語』というのは作るべきなんですよ！ 田辺くんとか橋本くんを中心にやればいいと思うんですよ」って。だから僕、「高畑さんが監督でやればいいじゃないですか」って言ったら「いや、それはまあ……」とか言ってる。でも、やる気なんですよ。

川上 すごいですね。

西村 僕は絶対にやらないですけど（笑）。『かぐや姫』は面白くなりそうな気がしましたけど『平家物語』はね……。

川上 僕は観たいですよ。西村さんプロデュースで作るべきですよ。

西村 いやいや（笑）。でも作り終えて、これは声を大にして言いたいですけど、鈴木さんはすごいですね。

川上 そうですね。

西村 僕は高畑勲という人と八年間対峙したけど、一対一でこの人を説得しなきゃいけないという修羅場を何度も経験するわけじゃないですか。それは途方もなく難しい作業ですよ。鈴木さんはそれを映画四本もやってきた。信じられないですね。本当に尊敬します。

川上　しかも、宮崎さんの作品と掛け持ちもあったわけですからね。

西村　掛け持ちだからできたんだと思う。鈴木さんが去年（二〇一二年）の年末、米林監督の新作を「西村、お前やってみるか」と言ったのは、たぶんそういうことです。

川上　その方が安定するだろうと。

西村　一つに集中しちゃうと客観性を持てなくなるから、こっちにもちょっと頭使っとけという鈴木さんの優しさですよ。でも鈴木さんが対峙した、その同じ人とやってみて、改めて鈴木敏夫のすごさを知った（笑）。僕の苦しさを一番わかっているのは鈴木さんだろうし、鈴木さんがやってきたことのすごさをわかっているのも、幸か不幸か僕でしょうね。

川上　でも鈴木さんは西村さんのことを認めていますよね。

西村　認めてくれないと（笑）。先週、『かぐや姫』を作ったスタジオのスタッフと軽い打ち上げをしたんですけど、ベテランのアニメーターが僕の全身をすーって見て「この爪先から頭までの四分の一は高畑勲なんですね」って。そっか、八年だからな……って。僕の四分の一は高畑勲でできているんです。それと同じくらい鈴木敏夫でも出来ていますけど。

川上　たぶんこの先、高畑さんの持っている技術や思想を伝えるのって、西村さんの役割ですよね。

西村 理屈ではそうですけどね。

川上 つまり高畑勲と鈴木敏夫、この二人の魂を西村さんが継ぐんですね。

にしむら・よしあき◉一九七七年生まれ。二〇〇二年にスタジオジブリ入社。『ハウルの動く城』『崖の上のポニョ』などで宣伝担当。〇六年にスタジオジブリが配給を担当した『王と鳥』（ポール・グリモー監督／一九八〇年作品）では宣伝プロデューサーを務めた。『かぐや姫の物語』では八年の製作期間を高畑勲監督と共にプロデューサーとして過ごした。米林宏昌監督の『思い出のマーニー』でプロデューサーを務め、現在は自身が設立したスタジオポノックの代表取締役兼プロデューサー。スタジオポノックでは二〇一七年夏の『メアリと魔女の花』に続き、二〇一八年八月には短編『ちいさな英雄』を公開予定。

かわかみ・のぶお◉一九六八年愛媛県生まれ。京都大学工学部卒業。九七年に株式会社ドワンゴ設立、ウェブサービス「ニコニコ動画」を育てあげる。同社代表取締役会長のまま、スタジオジブリに「プロデューサー見習い」として所属する。二〇一七年末にドワンゴ取締役ＣＴＯ（最高技術責任者）に。カドカワ株式会社代表取締役社長、学校法人角川ドワンゴ学園理事。

Part3

作品の背景を読み解く

本当にいい作品は、大人だけでなく、幼い子どもにも分かると言うヒキタクニオさん。七歳になる自らの娘も、映画で使われた歌を毎日のように歌うようになったそうだ。

作画へはもちろんのこと、映画音楽にも非常なこだわりを見せた高畑監督。ジブリ作品で数多くの音楽を手がけてきた久石譲さんは、監督のことを楽天主義者であり、〝理想の人〟と話す。

媼の声を担当した宮本信子さんは、この映画に参加できたことを光栄であると言い、監督をシャイな印象のなかに熱いマグマがある方と表現した。

さて高畑勲とはいったい何者であったのだろうか。

●viewpoint

大人味のアニメ

ヒキタクニオ（作家）

もう57歳になってしまった小説家の私は、マンガ、アニメ、ゲームとかは青年期辺りで卒業しないとと思っているところがある。

私の上の世代では、赤軍派がよど号ハイジャック時の声明文に「我々は明日のジョーである」と言って北朝鮮に旅立った。そして、団塊の世代の東大生は、週刊マンガを小脇に街を歩いた。それは、いまの言い方では、中二病のような思春期にカッコ付ける安物のニヒリズムだったんだろう。

現代では、マンガ、アニメ、ゲームを卒業？　何で？　どういうこと？　そんなこと必要？　と疑問だらけになってしまうだろう。私だって子どもの頃は、この三種は大好きで没頭して人格形成において大きな影響を受けていたけれど、卒業はした。アニメに関して、自分は卒業してたんだと実感したときのことはよく憶えている。私の子どもの頃は、早く大人になりたい、幼稚なことをしたくないと、背伸びする風潮が大いにあり、アニメをＴＶで観たと言えば、「ルパン三世」が最後だった。親が放任していたからか、小6ぐらいには映画館に一人で行くようになった。映画には、三種にはない大人な刺激があって嬉しくてしかたがなかったんだろうと思う。

アニメ卒業の瞬間は「ルパン三世　カリオストロの城」のポスターを見たときだった。「あれ？　ルパンが子どもみたいになってんな」と思わず言ってしまった。モンキー・パンチ描く10頭身で手足が枝みたいに伸びるアメコミっぽいルパンは、ポスターの中にはいない。お姫様らしき女の子は小学生のように幼く見えてしまった。

小中高とどっぷり映画で、ほとんどアニメを観ていなかったので、自分もアニメというものも変わってしまったんだな、と感じ、怒りなど湧くこともなく、アニメは卒業してたんだ、と感じたものだった。

ジブリ作品が世間で大受けしているときも、興味はなく、何か流行ってるみたいだな、という感じしかなかった。ジブリの関係者に知り合いがいたり、そこまで流行っているのなら勉強のためにと、何本かジブリ作品を観たけれど、作品は私の中をスルーしていった。良く出来てるな、とは感じたけれど、私はジブリ作品のターゲット層に入ってないのだから私の感情を揺さぶるようには作っていない。

映画や小説などで「つまんねえ」「駄作だ」なんて簡単に感想を言う人がいるが、自分がその作品のターゲット層になっていないことに気付いていないことが多い。だからこそ、この手の勘違いな感想（中傷）が巷に溢れてしまうんだろう。

50歳で初めての子どもを作り、アニメと接することのない私の生活が変わった。もう、TVは子ども番組と娘が好むアニメになった。娘はアニメのターゲット層の真ん真ん中、私は、そのアニメの視聴許可を与える保護者、私もターゲット層にはなっているんだが、久しぶりにアニメに接して隔世の感を禁じ得なかった。

TVアニメは、視聴率が悪かったら打ち切られるのだから過剰になる。得てして身体に悪そうという感じに過剰に甘く、キラキラに装飾されたお菓子になってしまう。小説でも教育上良くないものの方が面白いのだからアニメが身体に悪そうなものになるのは仕方がないことだろう。

TVアニメは、スポンサーも大切になる。CMは凄い、あんなものを見たら、子どもが欲しがらない訳がない、という商品のオンパレードになっている。CMの魔法の杖なんて家に買って帰ると、ピロピロピロピロなんて電子音は出るけど、魔法も使えなけりゃキラキラの粉も出ない。しかし、7歳の女の子は、アニメも観て、心の中では、どこか魔法があると期待しているんだろう、「お父さん、あれ欲しい、買って」の嵐になる。CMは、昔も過剰ではなかったけれど、少なからずあったことで、仕方がないだろうが、バカ親なんで、私は直ぐ買ってしまう。結果、部屋は飽きられたおもちゃで溢れかえることになる。

だがしかし、どうしても頂けないものがある。それは児童ポルノ、いまは児ポと言われるものだ。私は以前に、小5の娘が暴行され殺された父親が、人生を棒に振って犯人を探し復讐するという小説を書いたことがあって、そのとき、いろいろ調べた。

日本とドイツは児ポ天国で規制が緩く、アメリカは児ポ規制先進国ということだった。ドイツは陰に籠ったアブノーマルな性嗜好で、日本は、アニメ、ゲーム、マンガという二次元の性嗜好が経済と密接に繋がって市場となっている。日本は児ポが市場を形成するという特異な状態だと思う。アメリカがくしゃみをすると日本は風邪を引く、と言われているから、児ポに関しては、これから規制は激しくなるだろう。児ポに関しては、仕方がない、とは決して言えない。女の子が主人公のアニメには、児ポの臭いがすることがある。女児を持つ父親として、やはり、娘が性対象になっているのは嫌なものだ。

私は勝手気ままに育って来たのだから、娘にあれは見るな、あれは禁止！　こういうものを見ろ、なんてことは言えない。友だちはみんな見てるのに自分だけ見てないと、話に加われないつまらない学校生活になってしまう。だから、何でも見せるようにしている。そこで、ジブリ作品になる。私はジブリ作品を「これも面白いみたいだなあ」などと言いながらＰＣにＤＶＤをセットする。映像が始まり、ここから子どもが目を点にして集中して映像を観る横顔に接することになる。「となりのトトロ」は没頭で、「もののけ姫」は、ちょっと恐いようだった。一生脳味噌に刻まれる作品に初めて触れる子どもの横顔ってのはいいもんだ。画面の中に入って行きそう、というより、脳内はもう画面の中の物語に同化してるのだろう。私は、その横顔を見ながら、ああ、この子が成長して社会に出たときに、非道く挫折することもあるだろう、そんなときに子どもの頃のどきどきした記憶の「となりのトトロ」を観て、よし、また、がんばろうという勇気を持つ、なんてことになれば観せたかいがあるというものだ、と思う。実際、私がそうだったから、子どもの頃にいい作品に接すると、そういう効果があると思っている。

高畑監督作品「かぐや姫の物語」は観ていたが、ジブリ作品の中で最も異色なものだと思う。私は小説を書く前は、絵を描いて、アート系のクリエイターとして喰っていたんで、この作品は物語というより表現方法に大いに反応した。

この作品に関しては、メタ・アニメ、脱アニメというもののように感じた。日本の伝統的絵画表現は線画で、西洋的絵画は筆を使った面の表現になる。簡単に言えば平面的(二次元)な浮世絵と立体的(三次元)な油絵ということで、マンガやアニメは線画というわけだ。

高畑監督は、この作品の中で、登場人物の顔を360度回転させた表現を演出している。日本のマンガでは、この主人公の髪型はどうなってるんだ？　という独特の線画で、正面か横顔がほとんどだが、マンガから派生した日本のアニメはどうしても顔の角度の表現が乏しくなってしまう。高畑監督は、線画のアニメの顔を全方向から見られるように進化させたメタ・アニメを演出した。

アニメーターではない高畑監督だからこそ出来た演出なんだろうか、それとも昨今流行のアメリカ産3Dアニメに、線画で対抗したんだろうか、真意はわからないけれど、凄い試みで観ている方は嬉しくなる。3DのCGは完璧なパースの360度指向性で私は好きなんだが、高畑監督の360度指向性の線画表現は別のもので、伝統工芸の職人に無理難題を付けて注文を出し、そして、職人は長年培って来た完璧な技で、その無理難題を乗り越えてものを完成させた、という感じだ。赤ん坊のかぐや姫が産着姿で転がってる光景は、まるで、動く墨絵の中に入り込んだ感覚になった。

アニメ声優を極力排除したのもメタ・アニメを感じさせる。この作品だけではなく、ジブリ作品は、近年、声優専業の人はほとんどキャスティングしていない。この作品では、主人公に声優を使わないどころか、かぐや姫の声の幼年期を別に設けている。手間の掛かる演出だけど、そこまでやることに高畑監督の凝り性を感じた。声では捨丸を演じた高良健吾が素晴らしい。絵を邪魔しない演技は演出なのか、それとも高良健吾の俳優としての技なのか。アニメは声が前面に出てしまうことが多い。それはそれで面白いけれど、この作品には合わない。アニメの13歳の田舎のガキ大将なんて典型的過ぎて、どうしても声に味を付けたくなる、それをぐっと抑えているのが凄くいい。声にキャラを付けるのは、アニメの常道だろうが、誰も彼もが味の濃い声を出してしまうと、絵が散らかってしまう。やはりこの作品はメタ・アニメなのである。

今回これを書くために、いろいろと調べてみたのだが、TVの第一期「ルパン三世」

はほぼ高畑監督と宮崎監督の演出で、私を卒業させた「カリオストロの城」は宮崎監督の作品だった。昔は良かった、なんてことは私の知識量じゃ口にも出来ないけれど、第一期「ルパン三世」はとにかく大人な演出でカッコイイ、児ポの臭いはまったくない代わりに、お色気（死語です）は満載になっているのは、どっちもどっちだと思うけれど時代を大いに感じてしまった。高畑監督の数々の作品たちを観返して、大人味のアニメだなと。しかも、実験的表現は多種で、アニメの進化に挑戦しているところも多い。「かぐや姫の物語」は中でも最も大人味、高畑監督の集大成と言えるのではないか。

いよいよ、娘が「かぐや姫の物語」を観るときが来た。

DVDをセットして、7歳の娘が「かぐや姫の物語」を観始める。私は緊張して並んで横に座る。娘が毎日接しているアニメは、極限まで甘く極彩色に塗られたお菓子、しかし、この作品は、素材本来の色に控えた甘み、舌触り滑らかな和菓子、すこぶる大人味で、娘の舌（目）は、どう受け止めるのか不安になってしまう。日頃、強烈に甘いものを味わわせ過ぎて、つまんないと感じてしまうことは大いにあり得る。ちょっと早いか……観る時期を見誤ってしまったとしたら、作品にも娘にも申し訳ない、などという思いが過った。私はちらちらと娘の横顔を窺い、娘は画面を見つめている。さあ、どうなることか……。

まったくの杞憂でしたねえ、あはは。

娘はファーストシーンで一気にアニメの世界に取り込まれて行ったようだった。娘の横顔、集中している瞳がある。その瞳に映る優しい色合いを眺め、私はほっとした。そして、赤ん坊のかぐや姫が畳の上を転がるシーン、娘がきゃっきゃと声を上げ始めた。父娘が同じシーンを面白がっているなんて、嬉しくなる。成人していくかぐや姫のちょっと込み入った話の部分も微動だにせず没頭し、かぐや姫が屋敷を飛び出すところでは、忍者みたいだ！　と喜んでいる。

2時間17分、決して短くない時間を楽しんだようで、娘は直ぐさま二回目の「かぐや姫の物語」を観るべくスタートスイッチを押した。

大人は嫌だなあ、と感じてしまった。先入観だらけで、作品の裏を読んだりしてしまう。娘には大人味で大丈夫か、などという心配はまるで必要なく、大人味のアニメはイコール、メタ・アニメということだったのだと感じた。娘が作品をまっさらな気持ちで観ているのは羨ましく思う。私が子どもの頃は、映画館に開場とともに行き、ガム一個と水道の水だけで、終映まで立て続けに観たものだった。その当時に、この作品を観たかったなあ、と面倒臭い大人になってしまった私は感じてしまった。

と、ここで現実的な話。この作品、製作費50億、興行成績27億とある。数字的には大赤字ということだ。この作品に50億というのが解せなくて、映画プロデューサーと打ち合わせしているときに雑談ついでに訊いてみた。プロデューサーが言うには、アニメの製作費の計算は特殊で、アニメ制作会社を月単位年単位で拘束し、その間の人件費等をすべて組み入れることがあるらしく、人件費が通常の映画の数倍も掛かることがある。

しかも、この作品は何度も製作が停止して製作費が膨れ上がったんだろう。この作品を一般的なアニメ映画の予算組みで作り、停滞もなければ、製作費はもっと抑えられていたのだろう。それで27億の興行成績を挙げたとしたなら希代の大ヒットだった、ということだった。売れなかったのではなく、利益をうまく上げられなかったというだけで、多くの人々を映画館へと足を運ばせた作品だったのだが、実にもったいない話だ。

娘は、二回目を観終わって直ぐに「かぐや姫の続きを作りたい」と言い出した。内容は、かぐや姫が月に戻って、天女の歌を歌うと、地上のことを思い出す、という話だった。鏡のように反転した内容の続編で悪くない。本当にいい作品は、7歳の子どもの創造力も掻き立てる。娘にとって一生刻まれるマスターピースが出来上がるんだな、と私は思った。その兆しのように、娘は「天女の歌」を毎日歌うようになった。子どもの澄んだ声は、私にも刻まれていく。

ひきた・くにお◉一九六一年福岡県生まれ。イラストレーター、マルチメディアクリエイターを経て、二〇〇〇年に『凶気の桜』で作家デビュー。映画化もされて話題に。二〇〇六年『遠くて浅い海』で第八回大藪春彦賞を受賞。近著に『触法少女　誘悪』『跪き、道の声を聞け』『こどもの城殺人事件』など。新書に『「ヒキタさん！　ご懐妊ですよ」——男45歳・不妊治療はじめました』がある。

待つとし聞かば今帰り来む

奈良美智
（美術家）

かぐや姫の話そのものを知ったのは、子供の頃に違いないが、それが十五夜に月を見ながら母が語ったものなのか、保育園でのお話の時間なのか、あたえられた絵本からなのか思い出せない。けれども、そこかしこに子供向けのメディアが溢れ返っている現代と違って、昔話は当時の子供たちにとって大人も含めてみんなが共有できる宝物だった。もちろん、民話や古典起源の話と並んでイソップやグリム兄弟、アンデルセンら海外童話の翻訳、また明治以降の日本での児童文学の発達によって、一口に日本の昔話だけを当時の子供たちが共有できた宝物とは呼べないだろう。けれども、日本古来の物語はこの国で育った子供たちには決して架空の世界での話ではないと思わせる、どこか生活に密着したリアリティがあった。一九六〇年代に人類が地球の外に飛び出し、地球がひとつの生命体のように意識され始めていく時代に自分は成長したのだけれども、民話や昔話はまだまだ生活の中の一部として存在していたと思うのだ。

人類で最初に宇宙空間から地球という星を見たのは、'61年にボストーク1号で大気圏外に出たロシア人宇宙飛行士ユーリ・ガガーリンだったが、ほの暗い闇に浮かぶ地球を見て彼は「地球は青かった」という言葉を残す。ひとりの宇宙飛行士が発したその言葉以降、大気圏外から届けられる言葉は流行語のように人々の記憶に刻まれていく。「地球は青かった」のガガーリン、ボストーク6号に乗って地球を48周した女性宇宙飛行士ワレンチナ・テレシコワの詩的な「わたしはカモメ」。そしてアポロ11号で人類として初めて月へ降りたアメリカ人飛行士ニール・アームストロングが着陸時に言った「ひとりの人間としては小さな一歩だが、人類にとっては偉大な飛躍だ」という、今は人類至上主義に感じられるような言葉だ。そういえば、テレシコワの「カモメ」が、女性初の宇宙飛行士自身である彼女を指すコールサインであり、地上との交信上での呼びかけに対する唯の返答だったにもかかわらず、日本でもよく知られていたロシア人作家アントン・チェーホフの書いた戯曲『かもめ』に登場するニーナが繰り返した「わたしはカモメ」という台詞ゆえに世間で流行語になった、と知ったのは大人になってからだった。子供の頃の夢は、大人になる中でいつの間にか色褪せていくのかもしれない。大人になるということは、経験や知識を増やしていき自己中心的な考え方や観方、そのような自己存在意識を社会的な客観的位置へと移行させていくということなのだろうか。『かもめ』の中において、想い描いた夢に対しての不遇を受け入れるニーナのように、忍耐という意思を芽生えさせることなのだろうか。それとも、ひとりの人間を「偉大な飛躍」をした人類に置き換えてしまうことなのだろうか。

現実を受け入れるということは、それを悲しみにも喜びにもしてしまう。子供の頃に家の周りにあった昔話に登場するような田舎の景色は、日本の高度経済成長と引き換えに人工的な風景に変わっていってしまった。また、同級生たちの家庭環境それぞれに問題がいろいろあるのだろうけれども、そんなことはお構いなしにその時その場所で遊びまくっていた自分たち。そして、夜空を見上げてはゆっくりと動いていく人工衛星たちの光にワクワクした自分が、そのスプートニク（衛星・ロシア語）に乗せられて宇宙空間へ旅立ち、そこで息絶えるしかなかったライカという名の犬を知ってからは悲しく見つめることになってしまったこと。そんな何かを知ってしまったという感情を受け入れて、私たちは大人になっていったのだろうか。

高畑勲監督によるアニメーション映画『かぐや姫の物語』は「姫の犯した罪と罰」というキャッチコピーと共に２０１３年の晩秋に劇場公開された。「罪と罰」と聞くとロシアの文豪フョードル・ドストエフスキーの作品を連想してしまうが、ドストエフスキーよりも40年ばかり後に生まれた先のチェーホフの文学的な志向、特に『かもめ』や『桜の園』のように絶望から見える前向きな風景を提示してくれたのが、この物語としての『かぐや姫の物語』という映画だった。

この映画は豊かな自然描写から始まっていく。それは自然が身の周りに季節と共に存在していたかつての生活を思い起こさせる。その自然描写を理解できるような環境で育ったことに感謝してしまうが、物語はそのような幸せにはお構いなしに登場人物の心理的な葛藤を際立たせていく。主人公と、育ての親も含むそれを取り囲む人々、人間たちの心理諸々が物語中盤から怒濤の如く映し出されていくのだ。そこには原作を離れて、高畑さんの日本古来の社会というものに対する考えや、ひいては現代社会への批評が見えてくる。竹の中から登場した小さきものが、周りの自然や愛情に育てられてひとつの人格を形成していくのだけれども、その特異さ、美しさが彼女をかぐや姫という立ち位置にしていく。その流れの中で彼女の喜びや驚き、悲しみを純粋に表していた感情は失われていく。大人になるということは、そういうことなのかもしれない。しかし、かぐや姫となった後でも、彼女は都で暮らす家の狭い庭に子供時代の自然を感じることを忘れない。それは箱庭のようではあるが、そんな箱庭の草や虫は、幼い頃の彼女の記憶世界を呼び起こし増幅させるのだ。竹の中に生まれ落ち、それを見つけた爺婆に愛情を注がれて育ち、友だちと一緒に野を駆け回って泣き笑いした記憶。心に残る記憶は現実から逃れる大きな触媒となる。物語前半にスクリーンいっぱいに広がった季節の自然描写は、物語を越えてそれ自体を知っている私たちにも響いている。物語を観るものは、そこに自分を取り巻く世界を見るし、そこから見える自分の存在をも見て、またスクリーンに眼を向ける。そこには文明社会が押し進めていく自然破壊という実状が映し出されている。物語後半で月への帰還を迫られる主人公が、箱庭にある草木をあるがままの自然のように思いいたわろうとしていたことを嘆くシーンがある。「私は生きるために生まれてきたのに……鳥や獣のように。……帰りたくない」。まさしくそれは地球外である月ではなく、幼少を過ごした日々に対する憧憬をこの地球に持っていることなのだ。人類はこの地球という星の上に暮らす生命たちの頂点に君臨しているように錯覚しているが、鳥や獣と変わらないのだ。この物語の最後にやって来る月の王の一行によって鳴らされる警鐘の音が、私たちの耳に入るのだろうか。

この映画は、前近代的な始まりから、近代そして現代社会への隠喩を感じさせながら私たちの眼を見開かせていく。人類の歴史、それは本能的な欲望によって、いろんな過ちを繰り返していく歴史だ。かぐや姫は、月の世界で遠い昔に地球から帰ってきた人から聴いた歌を最後に思い出す。その帰ってきた人とは、いったい誰なのだろう。その人は、地球での思い出を忘れないために、歌にその気持ちを込めた。忘れられない憧れを歌に託したのだ。かつて月にいたかぐや姫は、その歌に憧れを抱き、その罰として赤子となって地球に送られた。そして、かぐや姫がその出来事を思い出した時、あの人も地球に帰ってきたかったのだと、あの人と自分が同一な存在であることを自覚する。本当に待っていてくれる人や何かがあるのであるならば、たとえそれが人知を超越してこそ可能なものであるとしても、私たちはそこに帰らなければならない。その判断は、かつて地球で過ごした幸せな時を忘れてしまった私たちに託されている。

『かぐや姫の物語』は、最後の方で古今和歌集からひとつの歌を引用する。

「(立ち別れいなばの山の峰に生ふる) まつとしきかば今かへりこむ」

「(あなたが「待つ」と言ってくださるのなら) わたしは、ただちに戻ってきましょう。」という歌だ。それは月からの一行が月への帰還に際して、最後の最後で姫に諭すように言う「清らかな月の都へお戻りになれば、そのように心ざわめくことも無くこの地の穢れも拭い去れましょう」という言葉に対して、姫が言う「(この地は) 穢れてなんかいないわ！　喜びも悲しみも、この地に生きるものは、みんな彩りに満ちて、鳥、虫、獣、草、木、花、人の情けを……」という言葉に集約される。姫はそこで地球での記憶を無くしてしまうのだが、私たちが戻ってくるのを待っていてくれる世界は、この地球であるのだ。ならば、私たちはそこに戻らなければならない。物語の最後において、高畑さんは私たちにそうあるべく進む道を示唆しているように思えるのです。

なら・よしとも●一九五九年青森県弘前市生まれ。愛知県立芸術大学美術学部卒業後、同大大学院修士課程修了。二〇〇〇年までケルン郊外のアトリエを拠点に作品を制作。国際的に高い評価を得て、東京都現代美術館やニューヨーク近代美術館など、国内外の多くの美術館に作品が収蔵されている。

限りあるいのちを生きている私たちは

二階堂和美
（シンガーソングライター・僧侶）

『かぐや姫の物語』の主題歌、ということになっている「いのちの記憶」だが、映画の中では物語がすべて終わった後、黒い画面のエンドロールに流れる。そういう依頼で作らせていただいた。

二〇一二年秋。その前年にリリースしていた私の『にじみ』というアルバムを、新聞のCD評で知り、ご自身で買い求めてくださった高畑監督の提案で、私に声がかかったらしい。DVD／ブルーレイで発売されている『高畑勲、かぐや姫の物語をつくる。～ジブリ第7スタジオ、933日の伝説～』の中に、高畑さんが西村プロデューサーらに、私のCDをあれこれ聞かせてプレゼンテーションしている様子が収められているが、それを見ると本当にうれしくなる。その中で「この人にアタックしてみようと、そういうことをやってみませんか」とおっしゃってくださっているシーンがあるが、よくぞ、広島の田舎に住む、ほぼ無名の私のことを見つけてくださり、この大役をご依頼くださる気になったものだと、変な言い方だが、感心する。

ジブリ第7スタジオにてはじめて面会した時にも、最初の一時間くらいは私の曲をどう受け止めたかということを、細部に渡り丁寧にお話しくださった。『にじみ』は、東京から実家の寺に戻り、家族や地域の人たちに揉まれてぺちゃんこになりながら、今の音楽シーンでどうとかいう立ち位置は全く無視して、「生きる」ことに向き合って作った、渾身の一作だった。この面会は、それらの曲たちを下敷きに、普段考えていることや、ものの見方など、いわば私への取材であった。話はあちこちに飛びつつも、お互いが予感として抱いていたものが着々と確信に変わっていった。あらゆる共感を交換し合う中で、この人からの依頼に精一杯応えよう、応えられるに違いない、むしろ、私をおいてこの仕事の適任者はいない、とさえ思った。

「割り切れない気持ちを持ちながら映画を見終わることになるだろう」と高畑さんはおっしゃった。そこからのエンドロール。「そこに歌がほしいとなって、どういうのがいいかというと、やっぱり、それを慰める、慰めて落ち着ける気持ちになれるような歌がほしい」。その要望に応えるべく作った歌である。この世を去る姫。それを嘆き悲しむ翁と媼。必然的に死別の場面が想定される。僧侶でもある自分にとっては、当然、通夜や葬儀での自分の勤めも重なる。そこで自分にできることは何なのか。何をすべきなのか。音楽家として、僧侶・仏教徒として、家族と暮らす一人の民として、また、当時お腹の中に新しいいのちを宿していたことも相まって、おのれのすべてがこのエンディング曲へと包括されていった。

　高畑さんと対面する前に、竹取物語の原典を、現代語訳とともに読んだ。幼いころには受け取っていなかった描写がいくつもあった。その中でもとりわけ驚いたのが、月からきた天人が姫に衣を被せると、翁をいとおしく、かわいそうに思う気持ちが失われるというくだりだった。当時二人の祖母を身近に介護していた私は、彼女らの認知症のことをまず思った。そして、逝く側には未練がなく、遺された側ばかりが嘆き悲しんでいるという構図に、仏法で聞かされている即得往生が重なった。私が出遇っている浄土真宗の教えでは、この世でいのちを終えたら、迷うことなく即、ほとけとなって、私たちにはたらきかけてくださっていると説かれる。恨みつらみなどをこの世に残して迷ってなどいないということだ。亡くなった方が生まれる国「お浄土」は、すべての執着から解放される世界であり、遺族が供養をして「あげる」のではなく、亡くなった方のほうから「そのいのち、しっかり生きてくれよ」と願われている、と、そういう教えだ。映画でもその、衣を被せるというエピソードは描かれてあった。感情というものがすべて消し去られたような、それこそ仏教でいうところの執着が取り除かれたかのような描かれ方だと思った。

　しかも監督は、月からの使者を阿弥陀来迎図になぞらえた。「月の世界は清浄な汚れのない世界。その人たちが奏でる音楽が悲しいわけがない、にぎやかでけっこう楽しいんじゃあないか」と言っておられた。私の『にじみ』の中の「お別れの時」という曲についても言及してくださった。この曲は子宮頸がんで亡くなった友人を思って作った曲だった。この世に遺していく幼い娘や友人たちに対して語りかけてくれているイメージをサンバに乗せた。

『かぐや姫の物語』のそのシーンは、久石譲さんによる、エスニックな音楽だった。監督にとってはドンピシャだったらしい。正直、私は映画の試写会で最初に聞いた時には心の中で「えーっ?!」と叫び、その軽さに違和感を覚えた。「浄土教からするとパロディになってしまうようなことにしようとしてる」と言っておられ、「いいんじゃないですかね」とは応えたが、ほんとに、ちょっとからかってる感じだなあと思った。だが先日高畑さんの「お別れの会」で、献花がはじまるタイミングにこの曲がかかった瞬間、「あは!」とつい笑ってしまった。あ〜、お迎えが来た〜。お浄土だ〜。笑いとともに涙がこみ上げたが、それは、必ずしも悲しい涙ではなかった。悩みのない世界へ往かれるんだなあと、うれしい気持ちがした。そうか、やっぱり、大正解だったんだなと、その時ようやく合点がいった。さすがだなと思った。

月の世界とお浄土はイコールではないが、かなり近いものがあると思う。原典からも「月に帰る」ことに「死」が重ねられてあると感じたし、高畑さんも、映画はそういうつもりで描いていると明言された。「いのちの記憶」で歌っている「懐かしい場所」とは、震災や原発事故で失われてしまった故郷や我が家、亡くなった方を思う我が心、そして、また遇える世界であるお浄土のことを思って出てきた言葉だ。

この世で生きている限り、誰しも必ず辿らねばならない老い。記憶も習性も失われていく虚しさ。執着からの解放は、それと引き換えに、喜びや愛する気持ちも奪われる。故郷や、大切な方の亡骸さえわからなくなってしまった悲しみ、その大きさは想像してもしきれない。「ずっと遠く　なにもわからなくなっても」という歌詞には、それらをすべて引きずっていかねばならないこの世での生というものを、否定でも肯定でもなく、現実として提示した。それでも「必ずまた会える　懐かしい場所で」。

「いのちの記憶」のデモがおおかた出来上がったころ、高畑さんから次のような言葉をいただいた。

「私は『かぐや姫の物語』では、芸能の作り手としての〝3・11以後〟の責任を果たすことなどできない、と思っていました。ところが二階堂さんのこの歌を得たことで、映画を見に来た人々に深い連帯感情を抱いて帰ってもらえるような気がします」。

ほんとうに、その責任が果たせたかどうかはわからない。限りあるいのちを生きている私たちは、その課題をずっと抱え続けていくのだろう。


にかいどう・かずみ◉一九七四年生まれ。広島県在住。ジャンルにとらわれない音楽性と、類いまれな表現力で、現在までに約二十作を発表。国内外のアーティストとのコラボ、ゲスト歌唱も多数。代表作は二〇一一年発表のアルバム『にじみ』。『かぐや姫の物語』の主題歌「いのちの記憶」の作詞・作曲・歌唱を担当した。浄土真宗本願寺派の僧侶でもある。

映画音楽のあり方を考えさせられた

久石 譲
（作曲家）

最初に『かぐや姫の物語』のラッシュフィルムを見せてもらったときのことです。かぐや姫が月に帰るクライマックスシーンの話になると、高畑さんは子どもみたいに笑って言いました。「これはまだプロデューサーにも言ってないんですけど、サンバで行こうと思っているんです」。「え!?　サンバですか」。僕がびっくりしていると高畑さんは、続けてこう説明してくれました。

月の世界には悩みも苦しみもない。かぐや姫も月に帰ったら、地上で起きたことをぜんぶ忘れて幸せになる。そういう〝天人〟たちの音楽はどんなものかと考えると、地球上にある音楽でいえばサンバになるんじゃないでしょうか――。

お別れの場面ですから、普通に考えれば悲しい音楽を想定します。ところが、高畑さんはそうは考えない。非常に論理的に詰めていった上で、サンバへと飛躍する感覚的なすごさがあるんです。われわれ作曲家もそうですが、多くの人は、論理的な思考と感覚的なものとの間で葛藤しながら、ものを作ります。でも、高畑さんはその折り合い方がすごく自然で自由なんです。

その自然さはどこから来るんだろうと、ずっと不思議に思っていたんですが、あるとき高畑さんがこうおっしゃったんです。「僕はオプティミストなんですよ。楽天主義者だから、楽しいことが大好きなんです」。それを聞いて、僕は「ああ、なるほど」と納得しました。楽しいこと、おもしろいことに対して素直に喜ぶ。そこに基準を置きながら、論理的、意識的な活動と、感覚的なものを両立していた。それが高畑勲という人だったんじゃないでしょうか。

僕が初めて高畑さんとお会いしたのは、『風の谷のナウシカ』のときでした。もちろん音楽のミーティングには宮崎駿さんも出席されていましたが、作画のほうが忙しかったこともあって、音楽のほうは主に高畑さんが見ていらっしゃいました。高畑さんの場合、七時間以上の長時間のミーティングはあたりまえです。それを何回も何回も繰り返して、「いったいどこまで話すんだ」というぐらい音楽の話をします。

『かぐや姫』のときも、本当に何度も話し合いを重ねました。ようやく「これで行きましょう」と決まり、ほっと一安心していると、翌日の夜十時に突然「いまから行きます」と電話がかかってくる。そして、「昨日はああ言ったんですが、やはりここは新しいテーマが必要なんじゃないでしょうか」と言うのです。ブレるというのとは違います。どこまでも考え抜き、そのほうが作品にとっていいと思った結果なんです。そこで、また四、五時間話をする。録音の二、三週間前まで、そうしたやりとりが続きました。

しかも、二〇一三年は宮崎さんの『風立ちぬ』と高畑さんの『かぐや姫』、二つの大作が重なりました。ああいう優れた監督との仕事は、四年にいっぺんで充分というぐらい極度の集中力を必要とします。それを二本となると、作曲家としてはもはや自殺行為です。それでも、僕としては高畑作品を手がけてみたかったのです。

結果的に、『かぐや姫の物語』に携わったことは、僕にとって大きな転機となりました。

高畑さんは、その前に僕が書いた『悪人』の音楽を気に入ってくれていました。「登場人物の気持ちを説明するわけでも、シーンの状況に付けるわけでもない。観客のほうに寄っている音楽のあり方がいい」と言ってくださったのです。だから、『かぐや姫』に取りかかるときも、まず最初に言われたのが、「観客の感情を煽らない、状況にも付けない音楽を」ということでした。

いわゆる普通の映画音楽は、登場人物が泣いていたら悲しい音楽、走っていたらテンポの速い音楽というように、状況に付けて、観客の感情を煽ります。近年のハリウッド映画などは、あまりにも状況にぴったり付けることで、映画音楽が〝効果音楽〟に陥っているものすらあります。でも、『かぐや姫』ではそういうことはいっさいやめて、〝引く〟ことが求められたのです。

難しい課題でした。僕自身、以前から多少意識していたとはいえ、『悪人』のときは、まだそれほど理論武装していたわけではなかったからです。とくに、高畑さんの言わんとしていることを理解するまでが大変でした。ただ、試行錯誤を重ねて、「ここだ」というポイントをつかんでからはスムーズに進むようになりました。最後のほうは、ニコニコと「それでいいです」と言ってもらえることが増え、ほとんどあうんの呼吸のようになっていきました。

それまでの僕のやり方は、もう少し音楽が主張していたと思います。それに対して、『かぐや姫』以降は、主張の仕方を極力抑えるようになりました。音楽は観客が自然に映画の中に入っていって感動するのをサポートするぐらいでいい。そう考えるようになったのです。ただし、それは音楽を減らすという意味ではありません。『かぐや姫』では引いていながらも、じつはかなりたくさんの音楽を使っています。高畑さん自身、「こんなに音楽を付けるのは初めてです」とおっしゃっていたほどです。

矛盾するようですが、僕は映画音楽にもある種の作家性みたいなものが残っていて、映像と音楽が少し対立していたほうがいいと思うんです。映像と音楽がそれぞれあって、もうひとつ先の別の世界まで連れて行ってくれる――そういうあり方が映画音楽の理想なんじゃないでしょうか。そういう僕の考えを尊重してくれたのは、高畑さん自身が音楽を愛し、音楽への造詣がものすごく深い方だったからかもしれません。

制作が終盤にさしかかった頃、ダビング作業の合間に、僕が翌月指揮をしなければいけないブラームスの交響曲第三番のスコアを見ていると、ふいに高畑さんがやってきました。「それは何ですか?」と言ってスコアを手に取ると、第四楽章の最後のページを開いて、「ここです。ここがいいんです」とおっしゃいました。第一楽章のテーマがもう一度戻ってくるところなんですが、そういうことを言える人はなかなかいない。少なくとも僕はそういう監督に会ったことがありません。それぐらい高畑さんは音楽に詳しかった。

高畑作品を見ていると、どれも音楽の使い方がすばらしいですよね。たとえば、『セロ弾きのゴーシュ』。よくあの時代に、あそこまで映像と音楽を合わせられたなと思いますし、『田園』(ベートーヴェンの交響曲第六番)から選んでいる箇所も絶妙です。音楽を知り抜いていないと、ああはできません。『ホーホケキョ となりの山田くん』では、音楽で相当遊んでいます。マーラーの五番『葬送行進曲』を使ったかと思ったら、急にメンデルスゾーンの『結婚行進曲』がタタタターンと来る。あの映画は音楽通の人にとっては、見れば見るほど笑えるというか、すごい作品になっています。

すべての作品で、使うべきところに過不足なく音楽が入っていて、作曲家の目から見ても、音楽のあり方が非常に的確なんです。世界を見渡しても、こんな監督はいないと思います。だから、できることなら、もう一、二本撮っていただきたかったし、できることなら、一緒にやりたかった。残念ながら、それは叶いませんでしたが、高畑さんとの仕事でつかんだ方法論は、いまも僕の中で活きています。

僕にとって、宮崎さんが〝憧れのお兄さん〟のような人だとしたら、高畑さんは〝理想の人〟でした。僕は何か迷いがあるとき、宮崎さんならどうするだろうか？　鈴木さんなら？　養老孟司先生なら？　と考えます。そんなとき、いつも決まって最後に浮かんでくるのは高畑さんの笑顔です。そうすると、何だか希望が湧いてきて、次の自分の行動が決まるんです。いまも高畑さんは、僕の中で羅針盤のような存在であり続けています。

（インタビュー・構成　柳橋　閑）

ひさいし・じょう◉一九五〇年長野県生まれ。国立音楽大学在学中より音楽活動を開始。『風の谷のナウシカ』以降、宮崎駿監督作品、山田洋次監督作品などをはじめ国内外の多くの映画音楽を担当する。二〇一三年公開の『風立ちぬ』『かぐや姫の物語』の二作品の音楽も担当。ほかCM、テレビドラマへの作曲など幅広く活躍中。

なぜ絵巻物に魅入られたのか

辻 惟雄
（美術史家・MIHO MUSEUM前館長）

高畑勲さんとは不思議に長い関わりで、最初は東京大学の駒場寮で同室でした。私は昭和二十六年の入学ですが、駒場の教養学部に四年もいたので、三歳年下の高畑さんと一年間だけ重なったのです。「美術サークル」と看板を掲げた六〜八人くらいの部屋で、机とベッドでぎっしり。通路で酒を飲んではドンチャン騒ぎです。雑魚寝式といいますか、ベッドどうしが接していて、私が寮を出る頃ようやく間にカーテンが引かれたような野蛮な時代でした（笑）。

美術サークルのメンバーでスケッチ旅行に行ったり、展覧会もしたりしましたが、高畑さんの絵はあまり覚えていませんね、残念ながら。私は医者になれと言われて理科系で入ったのですが、向いていなくて断念した時に、文学部に美術史という学科があるよ、と教えてくれたのもこの美術サークルの仲間でした。みんなでよく名曲喫茶に行きましたね。高畑さんが後年くれた手紙によれば、プロコフィエフのヴァイオリン協奏曲の一番と二番、どちらが優れているかなんて議論をしたそうです。

高畑さんが卒業後、東映動画というアニメーションの会社に入ったと人づてに聞いた時は、へえ、変わった分野に行くなあと思った記憶があります。当時まだ、アニメは子どもが見るものという認識でしたから。それ以来、交流は途絶えていました。

ところが、私が千葉市美術館の館長をしていた一九九七年ごろ、ひょっと、見覚えのある顔が現れたのです。すでに『火垂るの墓』『平成狸合戦ぽんぽこ』などジブリ作品を世に送りだしていた高畑監督でした。

「絵巻物を実物大で展示しましょう。日本でこれほどアニメやマンガが盛んで、しかも受け入れられているその源流は、絵巻物にあるんですよ」

とうとうと長年の持論を語られ、それはおもしろいと「高畑勲(スタジオジブリ)監修・絵巻物——アニメの源流」(平成十一年)を企画しました。彼は『十二世紀のアニメーション——国宝絵巻物に見る映画的・アニメ的なるもの』(徳間書店)という本を執筆していた頃で、「実物を見せる方が早い!」ともどかしくなったんでしょうね。なんの約束もなしに、小金井から千葉までふらりと来るところが高畑さんらしい。さらに彼らしいことには、難航していた『ホーホケキョ となりの山田くん』の制作が急に進みだし、美術展の準備から姿を消してしまった(笑)。しかも私も多摩美術大の学長に転じてしまったので、美術館の学芸員がたいへんな苦労をして実現してくれました。

展覧会では、十二世紀の「信貴山縁起絵巻《しぎさんえんぎえまき》」「伴大納言絵詞《ばんだいなごんえことば》」の複製全巻を展示し、たくさんの拡大写真で細部を見せ、高畑さんの懇切な解説をつけたことで好評でした。ここには、映画『かぐや姫の物語』に通じる表現がたくさん見られます。

「自動的に動く絵巻物」がアニメの原点

高畑さんの持論は、日本の絵巻物にはマンガ・アニメにつながる「動き」のマジックがあるのだ、ということでした。

その一つが表れているのが、都に行ったかぐや姫が、教育係の女房から、絵巻物の見方を教わるシーンです。このときの動作は、絵巻物を開いた幅を一定にして、右手の巻き筒部分を繰り込み続け、画面だけがスルスルと動くように眺める。まるで映画のフィルムのリールが流れていくように見ています。実は、私たち研究者は絵巻物を六十センチくらい開いたら、いったん閉じて、また次の画面を広げては眺めるんですね。貴重な絵巻物を傷めないための長年の習慣でしょう。

しかし、高畑さんは「自動的に動く絵巻物」こそが、アニメーションの原点だというわけです。

「信貴山縁起絵巻」には、細長い米俵の行列が空を飛んでいくシーンがあります。最初は男が運んできた米俵を上から俯瞰して描き、米俵が浮かぶと水平な視点から、そして山の上に飛翔していくと米俵を見上げた視点になり、だんだんと米俵が小さくなって絵巻物の画面の外にフレームアウトしていく。小さな一画面の間に、これだけ自在なカメラワークで描いていることを、高畑さんは見事に指摘していました。

美術史家は「誰が、いつ、どういう場面を描いたのか」という基本的事実を研究しますし、日本史の研究者は文字以外の歴史的史料として解読する。それに対して、高畑さんは自分の眼をカメラとして読み取ったわけです。同時代の西洋人にとって、絵画とは、四角い平面に遠近法や陰影法を使ってあらわされた静止的な疑似空間でした。当時の日本人の映画的・アニメ的センスはある意味でそれより高度だったんですね。『かぐや姫の物語』では、空を飛ぶシーンが、まさに「自動的に動く絵巻物」でした。幼なじみの捨丸と宙を舞い、月からのお迎えの使者と雲に乗って飛翔していく。その高低自在なアングルに、絵巻物の研究の成果が表れていると感じました。

スピードの表現も絵巻物の面白さです。「伴大納言絵詞」では、火事で走っていくお坊さんの袈裟《けさ》が風にはためいて速さを表現している。映画でも、かぐや姫が都の宴会から逃げ出して、山野を走り続ける時のひるがえる衣は、粗い筆のトーンもあって、ときには何の形だかわからないほどですが、だからこそ圧倒的な速さを感じるのです。

『かぐや姫』の牛車の車輪には、グルグル回る描線が描かれていますが、これも「平治《へいじ》物語絵巻《ものがたりえまき》」（鎌倉時代・十三世紀後半）など絵巻物に登場しています。西洋絵画では、ベラスケスが「織女たち」で糸車の回転する描線を描いたのがようやく十七世紀ですから、やはり日本の絵巻物はだいぶ早かった。こうした「運動」を描く伝統があるから、マンガやアニメが発展したし、読み手もすっと受容できたのだ、というのが高畑さんの指摘です。

ほかにも、絵巻物の引用がいたるところにあります。縁側に座る石作皇子《いしつくりのみこ》の後姿は「源氏物語絵巻《げんじものがたりえまき》　東屋《あずまや》（二）」の特徴的なポーズですね。大工仕事をするシーンは「石山《いしやま》寺縁起絵巻《でらえんぎえまき》」を参照したそうです。『平成狸合戦ぽんぽこ』の時は、狸の解剖図まで参照したそうですから、ダ・ヴィンチのようです。原理にさかのぼって研究する。

ただ、高畑さんは時代考証をして忠実に引用するだけでなく、原作を大胆に変えてもいます。たとえば、『竹取物語』では姫はずっと生家にいますが、都に行かせたことで距離が生じ、あの走るシーンにつながった。また、当時の宮廷や貴族の屋敷は塀で囲われておらず、子どもが庭に入っている絵なども残っていますが、それを閉鎖された空間とすることで、隔離された姫の心理描写につながっています。

アメリカの真似だけではなく

なんといってもアニメ『かぐや姫』の面白さは毛筆で引いたような、柔らかくてのびのびした線です。本来は静的な線を、動かして見せたのはすごいことですね。自分では描けない高畑さんが、どうやって指示したのだろう？　と不思議なくらいです。さらには、水墨画の没骨法《もっこつ》といって輪郭なしに墨の濃淡でかたちや明暗を表す描写や、色彩の水彩画風の色調の美しさ——日本美術が映画の基調になっています。

だから実は、世界でどう見られるのかなと心配でした。アメリカ人の友人は、『となりのトトロ』のような初期のジブリ映画を「Ｔｏｏ Ｇｏｏｄ」だと言う。良いが大人しすぎると言うのですね。アメリカ流の誇張されたアニメーションからはそう感じるのでしょう。だから残念ながら、『かぐや姫』もアカデミー賞受賞はならなかった。

しかし一方で、フランス人には高畑さんは完璧に理解されましたね。フランス芸術文化勲章オフィシエを受章していますし、死去も大きく報じられたそうです。

高畑さんには、すべてアメリカの真似ではなく、独自のものをつくりたい、自分の感性に忠実でいたいという気持ちがあったと思いますし、それはよく理解できます。

私たちが駒場寮で「美術サークル」の学生だった時代は、占領が終わってまもない時代でもありました。私が大学に入った一九五一年に戦後初のマチス展、ピカソ展があり、五八年のゴッホ展は、今では信じられないほど代表作すべてが揃っていました。その後の神奈川県立近代美術館のムンク展も「叫び」だけではない名作揃い。西洋絵画芸術に飢えていた私たちは夢中になったんです。一方で、いまのような日本美術ブームではなかったので、名古屋の徳川美術館が「源氏物語絵巻」を全巻公開した時に、ガラーンとした部屋で興奮しながら眺めたのを覚えています。

そんな中から、理科系だった私が美術史に進んで、『奇想の系譜』（ちくま学芸文庫）で忘れられていた江戸時代の画家たちを研究することになったし、高畑さんはアニメーションの世界に進み、日本の絵巻物に魅入られ、『かぐや姫の物語』をつくりあげた。そこに、あの頃の私たち、「美術サークル」部屋の面影が見える気がするのです。

つじ・のぶお●一九三二年愛知県生まれ。東京大学大学院博士課程中退（美術史専攻）。東京大学文学部教授、国立国際日本文化研究センター教授、千葉市美術館館長、多摩美術大学学長などを歴任。『奇想の系譜』では岩佐又兵衛、狩野山雪、伊藤若冲、曾我蕭白、長沢蘆雪、歌川国芳らを「奇想」というキーワードで論じ、今日の日本美術ブームの発端をつくった。

百年先まで残る映画です

宮本信子（女優）

高畑監督、よくぞ『かぐや姫の物語』を完成してくださいました。媼《おうな》として出演できて光栄でした。今もそう言いたい気持ちでいっぱいです。

完成披露試写会は、仕事の関係で伺えなかったのですが、後日東宝の試写室で私一人で見せていただきました。最後の長い、ながーいエンドロールに二階堂さんの素晴らしい歌がかぶるとぼろぼろ涙が出て、胸が一杯になりました。監督に「素晴らしいです！品格があって、百年残る作品だと思います」とお伝えしました。

間違いなく、日本人にしかできない繊細なアニメーションです。水彩画のような微妙な色あいや、草木の揺れ方、余白の生かし方もみごとです。単純な白ではない生成り色の余白が素敵です。まるで絵巻物のような……。絵巻物の人物たちが香り立つよう。日本が誇る作品です。

脚本《ホン》読みが始まったのは公開の二年前、二〇一一年のことでした。私は『アルプスの少女ハイジ』の大ファンでしたから、高畑監督はどんな方かとわくわくしながらスタジオジブリに伺いました。

監督は静かな、シャイな印象のなかに、熱いマグマがある方で、「アニメーションの演技を極めたい」とおっしゃいました。ホン読みでは監督の視線の強さが印象的でした。私たち俳優の表情をじっと見ていらっしゃる。それを感じつつ芝居をしました。「媼は、母性そのものを表現してほしい」と言われて、「普通の優しいおばあさんではなく、暴走する夫をチクリと叱ってもいいんじゃないでしょうか」と私なりに申し上げたんです。出世欲を持ち始めた翁《おきな》に「あなたにはまだわからないのですか！ 姫の気持ちが」と叱る台詞は、昔話の「じいさんばあさん」にとどまらない夫婦を表していて素晴らしいですね。「ちょっと怒りすぎじゃないですか」と言われましたが（笑）。とはいえ、細かい演技指導はなく、のびのび芝居ができました。二度目は声だけを先に録音しました。それにあわせて画《え》を描くプレスコアリング（プレスコ）という方法なので、演技の間《ま》も任せてくださって、ラジオドラマのような感覚でしたね。固定カメラで撮影もされていました。

なんと、プレスコで録音する時には、媼の姿が変わっていたんです。ホン読みで見た絵コンテでは細身だったのが、どっしりしてはっきりと主張のある眼、パチッと正面をみる顔になっていた。「太っちゃいました」と監督は笑っていらした。「素敵です、私こっちのほうが好きです」と言いました。翁の姿にも、地井さんの可愛らしさや大らかさが見事に反映されていて、監督もアニメーターの方もすごいですね。

その後あらためて、ナレーションも担当することになりました。『あまちゃん』の夏ばっぱ役とナレーションを見て依頼してくださったんですね。すべての録音が終了した時、「うまくいきましたねえ」と監督から言われて、ひたすら嬉しかった。

高畑監督は妥協がない方で、そこが素晴らしい。たとえ皆に嫌われてもそれに負けず、情熱と、信念をもってこれだ！　と自分の作品を引っ張っていく。アニメーションは実写映画より大所帯ですから、なおさら大変でしょう。でも、言わなくちゃ駄目なんです。今は言わない人が多すぎる。それを受け入れて公開延期までしたジブリの方たちとの信頼関係はすごいことですが。

制作のドキュメンタリーを見て……しみじみ色々な事を感じ、考えさせられました。この作品は、かぐや姫の映画であると同時に、月の映画だと思います。

たとえば、かぐや姫の、突き抜けるような怒りのシーン。月夜に走る姿はモノトーンで、「怒り」ってきっとああいう色なんですね。黒ではない。そして、倒れこんだかぐや姫の背後に、大きな大きな灰色の月が見えて、地球にいるのにまるで月面にいるみたいで、かぐや姫はすべてを諦めて、心が死んだようになる――。

「姫の犯した罪と罰」が何だったのかは、難しくて言葉にできないけれど、平安時代初期につくられた日本最古の物語が、現代の私たちの心にも響くのは、月が日本人の感性の根っこにあるからではないかしら。「もののあはれ」を感じ、月を見て泣いたり、月を擬人化したり、月夜に誰かと会ったり。どれも、太陽の下ではないですよね。

高畑監督の作品にはリアリティがあるんです。だから、この世界と地続きで感じられる。私が『ハイジ』に惹かれたのも、ちょうど湯河原での子育て中で、星や月、風や山の木々、潮の香りを感じる生活だったからと思います。ハイジになって雲に乗りたくて、家族でごっこ遊びをしましたよ。私がハイジ役、息子がペーター役、伊丹さんは大きな犬の役で(笑)。

『かぐや姫の物語』は、日本の自然と、日本人のＤＮＡと深いところでつながっている。だから百年先まで残ると思うんです。

みやもと・のぶこ◉一九四五年北海道生まれ。文学座附属演劇研究所を経て、劇団青俳に入団し、六四年女優デビュー。八四年以降、夫・伊丹十三監督の『お葬式』『タンポポ』『ミンボーの女』など数々の映画に出演。『マルサの女』で日本アカデミー賞最優秀主演女優賞など多数受賞。ＮＨＫ連続テレビ小説『あまちゃん』『ひよっこ』でもヒロインをおおきく包容する役柄を演じた。

繊細さと叡智

——高畑勲監督からのギフト

マイケル・デュドク・ドゥ・ヴィット（映画監督）

——高畑勲監督の作品を初めてご覧になった時のことを教えてください。

いつだったかはっきりとは覚えていませんが、初めて観たのは『火垂るの墓』（一九八八）でした。公開されてから一年以上は経っていたと思います。

その頃私は既にアニメーターとして働いていましたが、当時は『天空の城ラピュタ』（一九八六）を映画祭で観たことがあるだけで、スタジオジブリのことはよく知りませ

高畑勲監督と、マイケル・デュドク・ドゥ・ヴィット監督。2016年9月1日、六本木にて

んでしたし、宮崎駿監督の名前くらいしか覚えていませんでした。初めて『火垂るの墓』を観た時も、良い映画だなぁとは思いましたが、監督の名前にはあまり注意を払っていなかったのです。後になって、その作品の監督が高畑勲さんという名前で、宮崎駿監督と同じスタジオの人であると聞いて、スタジオジブリという素晴らしい作品を作るところがある、ということをようやくはっきり認識しました。

その後も『火垂るの墓』は折に触れて観る機会があったのですが、中でも記憶に残っているのは、家族と旅行で訪れた大阪の人権博物館で観たときのことです。夏のとても暑い日で、人もまばらだったのですが、たまたま館内で『火垂るの墓』を上映していました。当時うちの子どもたちは十代前半で、家族は皆この作品を観たことがありましたが、せっかくなのでもう一度観てみようか、という話になったのです。

でも実際のところ、きちんと鑑賞することは出来ませんでした。私は上映中ずっと、画面をまともに見られないくらい泣いてしまったんです。確かその時で観るのは三回目だったと思うのですが、その頃には日本に対する親近感のようなものも強くなっていて、実際に日本でこの作品を見ているというシチュエーションも重なり、色々な要素が完璧に嚙み合って私の心に響いたのだと思います。

――高畑勲監督の作品で特に思い入れのあるものはありますか？

特に素晴らしいと思っているのは『ホーホケキョ　となりの山田くん』（一九九九）で

す。何か特別なことが起きるわけでもない、ごく普通の人々のごく普通の生活を、あんなに魅力的に描いている作品は他にありません。俳句をアニメーションにする、というのは普通の人には到底不可能だと思うのですが、高畑さんはそれができる人でした。

作中の何でもないようなシーン、たとえば、雪が降ってきたから庭で写真を撮ろうというお父さんに対してテレビの前から離れようとしない家族や、夜遅くに帰ってきたお父さんが半分寝てしまいながらバナナを食べるシーンなど、どこをとっても本当に完璧としか言いようがありません。

――高畑勲監督の作品から影響を受けた部分はありますか？

繊細さや精巧さ、という言葉がまず思い浮かびます。『ホーホケキョ となりの山田くん』を見ても分かるように、何気ない日常を描いて素晴らしい作品を作るというのは、とても勇気の要る難しいことです。制作におけるリスクも高いですが、それが上手くいった時の観客に与える満足感はとても大きくなります。

もう一つは、成熟性、叡智とも呼べるものです。人間の生を長きにわたり観察してきた人の視点は、私たちに新しい発想を与えてくれます。

高畑さんは作品ごとに異なるスタイルを採用することで知られていますが、私にとってそれはそこまで特別なことではありませんでした。私は元々、主にショートフィルムを制作していましたが、ショートフィルムにおいて毎回作風が変わるのはよくあることです。もちろん、高畑さんの作品の映像は毎回異なる作風でありつつも、素晴らしいアニメーターによって様々な情景が美しく描かれており、それも魅力の一つですが、やはり私にとって、彼の作品の素晴らしさはその内容によるところが大きいと思います。

——高畑勲監督と初めて直接会った時の思い出は？

高畑さんと初めて会ったのは、広島国際映画祭の会場でした。何人かが集まって立ち話をしているところから少し離れて静かに佇んでいた高畑さんに、その場にいた誰かが私を紹介してくれたのですが、その時高畑さんがフランス語を話されたので驚きました。私と家族はいつもフランス語で会話しているので、とても嬉しかったです。

その翌日、宿泊していたホテルをチェックアウトしようとロビーのフロントで書類にサインしていた時、かなり離れた後ろのほうに並んでいる人がいるのに気づきました。よく見るとそれが高畑さんでした。とても日本人的といいますか、五メートルくらい大きく離れて前の晩と同じように静かに佇んでいて、他人を邪魔しないように、という他者に対する自然な配慮が見えるその姿に感銘を受けました。私はヨーロッパ人なので、遠慮なくそこに近づいていって彼と握手してしまいましたが。

もう一つよく覚えているのは、それから二年くらい後のことです。韓国のソウルで行われたアニメーションフェスティバルで、コマーシャルやショートフィルムなど自分の過去の作品について講演する機会がありました。開始直前に後ろの方から三人ほど入ってきて、空いていた最前列の席に座りました。そのうちの一人が高畑さんだったのです。思わず駆け寄って「高畑さん、ここで何をしているんですか」と尋ねると、高畑さんは笑いながら「講演を聞きに来たんだよ」と答えました。とても光栄に思いましたし、講演中に何度も高畑さんの方を見ては、まさか高畑さんが自分の講演を聞きに来てくれるなんて、と信じられない気持ちになりました。

――その後スタジオジブリからオファーを受けて『レッドタートル　ある島の物語』（二〇一六）の制作に入られるわけですね。

制作の初期にストーリーボードを完成させるため、鈴木さんの提案でスタジオジブリ近くにアパートを借りて、一ヶ月半くらいの長期滞在をしたことがあります。この時期は、二日に一度スタジオジブリに通っては様々な話し合いをして、多くのアドバイスをいただきました。私がヨーロッパに戻ってからも、高畑さんがフランスに来られていた時にパリでお会いしてアドバイスをいただきました。作品に出てくる女性のキャラクターについて「ミステリアスで魅力的だけど、女性としての強さがまだ足りない」と言われたのですが、さらに「日本では女性は男性よりもか弱いと思われがちだけど、実際は女性の方が強いと思うよ」と続けていたのをよく覚えています。

――『かぐや姫の物語』（二〇一三）についてはどうご覧になりましたか？

とても好きな作品です。これまで見たことがないものを見たときのような不思議さを最初は感じるのですが、映像の迫力や文化的な背景に根ざした表現によって、最後にはその不思議さを感じなくなる作品でした。特にエンディングが良かったですね。感情豊かなかぐや姫が最後は静かに天へ昇っていくシーンは荘厳で、とても美しかったです。他にも有名なシーンとして、大きな月を背景にかぐや姫が力の限り走る場面があります。技法としてアニメーターの線を活かした粗いデザインを用いられていますが、それがこの重要なシーンで画面に力を与えています。あのシーンは本当に素晴らしいです。

竹取物語は、日本人の皆さんは小さい頃からよく知っている話だそうですが、私にとっては初めて観るストーリーでした。それでも、とてもエキゾチックで魅力的に感じましたね。いわゆる典型的な日本の風景や慣習、感情などが描かれている作品ですが、私のようなヨーロッパ人の心にも響きます。また、五人の男性が求婚してきてそれを断る、などの文化的な側面もとても興味深いです。馴染みがあるものではありませんが、新鮮でありつつも共感できる内容だったと思います。また、後になって読んだのですが、この作品で高畑さんはかぐや姫の感情に焦点を当てたとおっしゃっていました。その視点はとても素晴らしいです。おとぎ話や童話は、登場人物の設定はシンプルであることが多いのですが、その分キャラクターの感情を深く掘り下げられるのだと感じました。

――二年前の夏に高畑勲監督と裏磐梯に行かれた時の思い出を教えてください。

私は『レッドタートル』のプロモーションで訪日していたので、取材続きで大変疲れている中での旅行になりましたが、それでもとても素晴らしかったです。裏磐梯は日本の風景の中でも特に美しい場所だと感じましたが、ご自分が好きなところを高畑さん自ら案内してくれたということそのものが、私にとって本当に特別な体験でした。

高畑さんと自然の中をたくさん歩いたのを覚えています。裏磐梯にある沼の色がそれぞれ違うという話をしてくれたり、火山など他の自然についても色々話してくれました。鈴木さんも一緒にいらしていましたし、ありがたいことに家族も一緒に連れて行くことができたので、とても良い思い出になりました。その時にはもう子どもたちも大人になっていましたが、二十五歳になる息子が実は大学で日本語を学んでいて、日本に留学したこともあるんです。いつも私は通訳に頼って高畑さんと会話しているのに、自分の息子が高畑さんと日本語で長く会話しているのを見て、とても嬉しく思いました。

――もし高畑勲監督にもう一度会えたら、どのような話をしたいですか？

高畑さんの私生活のことを私は知りませんでしたし、高畑さんも私のプライベートについて尋ねることはありませんでした。でも、お互いの私生活を知らなくても何の問題もありませんでした。高畑さんは様々なことに対する研ぎ澄まされた好奇心を持っていて、色々な物事について話すだけでとても充実した時間になったからです。

もしもう一度お会いできるなら、静かな場所で、二人きりで成り行きに任せて自由に対話してみたいですね。叶うなら、彼の精神性について色々と聞きたいことがあります。

高畑さんは仏教哲学にお詳しいと聞いたことがあるので、そういった部分をもっと掘り下げて話してみたいです。二人ともリラックスした良い雰囲気の中で、そうした時間が持てたら幸せだろうと思います。

（インタビュー／構成　高沢数樹）

マイケル・デュドク・ドゥ・ヴィット◉一九五三年オランダ生まれ。ロンドン在住。フリーランスのアニメーターとして数々のアニメーション作品制作に関わった後、コマーシャルなどを含む多くの短編アニメーション作品を制作、高い評価を得る。『お坊さんと魚』（一九九四）でアカデミー賞短編アニメーション賞ノミネート、『父と娘』（旧題：『岸辺のふたり』、二〇〇〇）で同賞受賞、アヌシー国際アニメーション映画祭でグランプリ受賞。初の長編アニメーション監督作品『レッドタートル　ある島の物語』（二〇一六）でカンヌ国際映画祭「ある視点」部門特別賞を受賞、アカデミー賞長編アニメーション賞にノミネートされた。

［出典一覧］

・巻頭口絵「わらべ唄」JASRAC出1807063-801
・ナビゲーター・壇蜜　ジブリのフィルターを通して見た竹取物語：語り下ろし

Part1

・スタジオジブリ物語『かぐや姫の物語』：書き下ろし
・鈴木敏夫　高畑さんとの勝負だったこの映画。いまでも緊張の糸はほどけない：語り下ろし

Part2

・高畑勲　全スタッフがほんとうに力を出しきってくれ、みんながこの作品をやり遂げさせてくれた：『キネマ旬報』（二〇一三年十二月上旬号／キネマ旬報社）
・田辺修　多くのスタッフに助けられて、完成することができました：『ジ・アート・オブ　かぐや姫の物語』（二〇一四年／徳間書店）
・男鹿和雄　自然な余白を残すように描いた浅すぎず軽すぎない「あっさり感」のある背景：『ジ・アート・オブ　かぐや姫の物語』（二〇一四年／徳間書店）
・対談　西村義明×川上量生　伝説の男・高畑勲はいかに帰還したのか？：『Switch』（二〇一三年十二月号／スイッチ・パブリッシング）

Part3

・ヒキタクニオ　大人味のアニメ：書き下ろし
・奈良美智　待つとし聞かば今帰り来む：書き下ろし

・二階堂和美　限りあるいのちを生きている私たちは：書き下ろし
・久石 譲　映画音楽のあり方を考えさせられた：語り下ろし
・辻惟雄　なぜ絵巻物に魅入られたのか：語り下ろし
・宮本信子　百年先まで残る映画です：語り下ろし
・マイケル・デュドク・ドゥ・ヴィット　繊細さと叡智：語り下ろし

企画内容にあわせて適宜、加筆修正およびイラストの掲載を行っております。

高畑勲 プロフィール

一九三五年十月二十九日、三重県伊勢市生まれ。

五九年に東京大学仏文科卒業後、東映動画（現・東映アニメーション）へ入社。テレビ『狼少年ケン』第14話「ジャングル最大の作戦」（'64）で初演出。劇場用映画『太陽の王子ホルスの大冒険』（'68）で初監督。以後『アルプスの少女ハイジ』（'74）、『母をたずねて三千里』（'76）、『赤毛のアン』（'79）（以上、TV演出）、『じゃりン子チエ』（'81）、『セロ弾きのゴーシュ』（'82）、『火垂るの墓』（'88）、『おもひでぽろぽろ』（'91）、『平成狸合戦ぽんぽこ』（'94）、『ホーホケキョ となりの山田くん』（'99）を発表。プロデュース作品に『風の谷のナウシカ』（'84）、『天空の城ラピュタ』（'86）がある。

二〇一三年に公開された『かぐや姫の物語』が最後の監督作品に。一八年四月五日、肺がんのため死去。同年五月十五日、三鷹の森ジブリ美術館でお別れの会が営まれた。

一四年、アヌシー国際アニメーション映画祭名誉功労賞を受賞。一五年四月には、フランス芸術文化勲章オフィシエを受章した。

滑川美穂　上田あけみ　漢人寛子　金子亜衣
小笠原理沙　宇治部正人　福田周平　赤間紗枝
大川貴大　矢口真琴　三沢 大　森口弘之
杉本将太　山口朝美　石井康雄　玉腰桃子
佐藤この実　藤井優翔　嶋村孝太　岡垣 優
井上高宏　小橋幸亮　大島明子　坂詰かよ
山田潮美　刀根川 恵　大口 茜　萩田小織
高垣あかり　永田美雪　山崎杏理　佐藤友紀
東谷 薫　更家芙実　若山和人　山崎賢造
丹羽弘美　廣田恵美　加納 駿　仙波里至
薄井良太　八木澤由梨　静 佳見　江上菜那子
田島祐一　荒木一成　竹谷健司　許 文龍
谷口りつ子　大熊 勝　奥田哲平　佐藤隼也
山田史樹　村松さつき　渡辺幸枝

山森英司　中込利恵　安東雅代　手島晶子
アレキサンドラ・ワエラウフ　松尾真理子　鈴木麻紀子　山田伸一郎
石角安沙美　大崎結衣　太田衣美　奥田明世
小倉安見　河原奈緒子　國武幸子　西田朋代
野口佳枝　菊田美咲　千葉光希　程 玉芬
土屋亮介　松村祐香

作画協力
アニメトロトロ　アンサー・スタジオ　オープロダクション
オザワデザインワークス　九州アニメーション　コネクト
スタジオコクピット　スタジオコメット　たくらんけ
タツノコプロ　ディヴィッドプロダクション　動画工房
中村プロダクション　日本アニメーション　ぴえろ
プロジェクトチーム・サラ　ベガエンタテイメント　ボンズ
マジックバス　マッドハウス　遊歩堂
ライデンフィルム大阪スタジオ　和風アニメーション　A.P.P.P.
C2C　MAA MOPICS　Production I.G
STUDIO4℃　Wish

背　景　久保友孝　倉橋 隆　工川 歩
久村佳津　高松洋平　保坂有美
串田達也　佐藤詩穂　中村聡子

色指定　垣田由紀子

仕上検査　川又史恵　南城久美

仕　上
伊藤 唯　清水亜紀子　柴田好美　渡辺奈津美
猪原奈都子　飯塚唯奈　宮本律希　斉藤美智子
瀬野沙那恵

佐々木尚子　伊藤敦子　奥井恵美子　砂原直子
千葉陽子　梅村利恵子　江草大樹　山瀬仁美
大本真希　田尻佳奈子　久納友香里　藤原優実
若林洋子　竹内淳子　加藤明美　北沢理絵
小林美紀　畑野聡美　橋詰佳未　吉川詩七美
白戸勝彦　土岐智子　成田照美　斎藤 翠
鎌田香織　斉藤たかし　西脇洋平　吉木絵理
原田裕作　山本真希　山本恵理奈　橋本侑香里
樫原ひとみ　吉田園恵　赤松美由紀　北村彩子
豊嶋美有　溝口久美子

泉津井陽一　藪田順二　田村 淳　芝原秀典
三好紀彦　梅澤美樹　糸川敬子　井上雅史
岩沢 駿　齋藤純也　中村剛士　新見知哉
高橋広美　軽部和子　高柳加奈子　田村雪絵
森 奈緒美　古城理恵　石井裕章　松島英子
小松夕貴　武居奈々　相田美里　加島優生
奥井 敦

仕上協力
Wish　アニメーション・タイム　イーゲルネスト
アニタス神戸　スタジオギムレット

撮影監督　中村圭介

撮　影　加賀由希子
赤須由麻　塩川智幸　石黒瑠美
染谷和正　高橋宏司　岡本雄介
秋元 央　別府光太郎
美術撮影　小川 猛　川西美保

線撮協力
アッセフィノーファブリック
奥井厚子　大内香苗　萱場良明　小池里恵子
田中 恵　藤巻鐘子　伊藤 逸　高木 翼
柴田温子　近藤靖尚

特任シーン設計　百瀬義行

C　G　中島智成

絵コンテ補佐　佐藤雅子　笹木信作　橋本晋治

録音演出　浅梨なおこ

録　音　大野映彦

整　音　笠松広司

効　果　大塚智子

録音助手　高木 創　野村みき　鈴木修二
横山つかさ
フォーリーアーティスト　岡瀬晶彦　伊藤瑞樹
フォーリーエディター　井上奈津子
スタジオエンジニア　竹島直登
テクニカルサポート　菊地秀穂　越 真一郎
スタジオコーディネート　西野尾貞明　立川千秋　村田 理
キャスティング事務　クイーンズプロモーション
緒方慶子　酒井香保里　山村はづき
音響制作協力　東宝スタジオ　東宝スタジオサービス
東宝ポストプロダクションセンター　東京テレビセンター
江戸東京たてもの園

映画『かぐや姫の物語』 STAFF&CAST

スタッフ

製作　氏家齊一郎

製作名代　大久保好男

企画　鈴木敏夫

原作　「竹取物語」

原案・脚本　高畑 勲

脚本　坂口理子

音楽　久石 譲
(サントラ／徳間ジャパンコミュニケーションズ)

主題歌　「いのちの記憶」
作詞・作曲・唄　二階堂和美
(ヤマハミュージックコミュニケーションズ)

劇中歌　「わらべ唄」
「天女の歌」
作詞　高畑 勲　坂口理子
作曲　高畑 勲
(サントラ／徳間ジャパンコミュニケーションズ)

人物造形
作画設計　田辺 修

美術　男鹿和雄

作画監督　小西賢一

作画　橋本晋治
濱田高行
安藤雅司
山口明子

作画
廣田俊輔　秦 綾子　西垣庄子
西田達三　佐々木美和　河口俊夫
古屋勝悟　田村 篤　井上 鋭
上石恵美　大杉宜弘　石井邦幸
尾崎和孝　川名久美子　鎌田晋平
赤堀重雄　君島 繁　神保洋介

佐藤雅子　神谷友美　塚本知代美
川口 隆　袖山麻美　八木郁乃
斉藤拓也　林 佳織　谷 友子
松村優香　小松田大全　五反孝幸

森田宏幸　賀川 愛　浜洲英喜
大塚伸治

塗・模様作画　斉藤昌哉

動画検査　野上麻衣子
中野江美　斉藤ゆか　松永絵美

動画
水野良亮　中野洋平　和田卓也　関井香菜子
真野鈴子　田中 萌　村田充範　穂岐山 薫
佐藤由紀

田中陽子　村橋亮佑　穂坂史織　山本祐希江
大村将司　黄 順河　安 美京　朴 領熙
谷平久美子　山浦由加里　中里 舞　中西雅美
小山正清　大谷 茜　齋藤彩圭　降矢由日里
大庭 伸　髙橋 彩　武本 心　興津綾乃
元 豪燦　矢地久子　大越武志　小島知之
松村美佳　遠藤良恵　堀江 佑　千々岩杏花
宮本美智子　濱田友美　染川仁菜　高士亜衣
屋宜 優　川重 希　神谷由季　関根奈穂
伊沢珠美　柿平野生　後藤 大　寺田久美子
伊藤かおり　奥脇 優　江山梨恵　田名部節也
手塚寛子　金子由紀江　松村舞子　宮田知子
室賀由起子　西戸スミエ　後藤ひな子　金 允智
東 誠子　岡田麻美子　吉田まり子　大原真琴
松本 恵　小田道子　石原つぼみ　藤田あずさ
佐久間 梓　下地聡子　永野千絵　福田瑞穂
堀之内梨絵　柳澤 薫　小川紗依里　橋本治奈
平田有加　白木仁美　白井孝奈　玉腰悦子

舘野仁美　藤井香織　秋田雅子　子安未紗
田村瑛美　長澤翔子　藤澤志織　松浦 結
松村亜沙子　和田直也　伊藤美樹　田川裕子

塗線作画検査　秋山訓子

塗線作画
望月頼子　田中保美　土岐弥生　熊田明子
青野祐果　落合麻衣子　三枝紗己　谷口亜希子
丸山修二　大友健一　奥田陽介

ディーライツ

鈴木大三　板橋　徹　高崎俊哉
杉山孝太　新井紀乃　樋尾亜佐子

東宝

高井美幸　島谷能成　千田　諭
市川　南　伊勢伸平　上田太地
小野田光

KDDI

高橋　誠　雨宮俊武　菅　隆志
河上浩一　矢野絹子　新居眞吾
岡部　潤　金　山　岸　尚宏
平戸崇博

製作担当　奥田誠治　藤巻直哉　福山亮一

デジタルラボ　IMAGICA

データ・コンフォーム　細沼直人
データ・マネジメント　小越　将　安達大二郎
カラー・マネジメント　由良俊樹　松本　渉
デジタルシネマ・マスタリング　杉山実穂　山田瑞恵
ラボ・コーディネーター　佐藤祐梨子
ラボ・マネージャー　長澤和典

制作協力　T2studio／高橋賢太郎

制　作　星野康二
スタジオジブリ

プロデューサー　西村義明

監督　高畑　勲

声の出演

朝倉あき

高良健吾

地井武男

宮本信子

高畑淳子

田畑智子

立川志の輔

上川隆也

伊集院光

宇崎竜童

中村七之助

橋爪　功

内田未来　高澤父母道　溝口怜冴　河城英之介
松本　実　中台あきお　佐々木一平　三浦景虎
奥森皐月　飯島緋梨　内田　愛　高柳樹莉亜
高柳杏樹　田中えみ　平間彰吾　小関遼人
山内健嗣　石井テルユキ　熊谷知彦　菅野隼人
長内映里香　広江美奈　美　知　枝　鈴　真紀史
立花京介　小川智弘　関　隆行　阿部和樹
鈴本雅敏　山本達也　岸　慎介　山本啓之
吉本剛士　矢田耕平　大島実可子　古城　環

三宅裕司
（特別出演）

朝丘雪路
（友情出演）

仲代達矢

指揮・ピアノ　久石 譲
演奏　東京交響楽団
古箏　姜 小青
レコーディングエンジニア　浜田純伸
音楽収録　ミューザ川崎シンフォニーホール
Bunkamura Studio
音楽制作　ワンダーシティ
藤沢真木　前田泰弘　須澤哲子

挿入曲　雅楽「右方 陪臚 平調調子」「白柱」
（徳間ジャパンコミュニケーションズ）

タイトル　マリンポスト

編集　小島俊彦

制作デスク　吉川俊夫
監督助手　松尾明子　木戸雄一郎
制作進行　島田和幸　鈴木昭彦　大久保聡子
岡田千尋　居村健治　橋本 綾
音響制作デスク　古城 環
制作事務　青木香菜子　渋谷美音

制作業務担当　野中晋輔
制作業務　石迫太成　川端俊之　西方大輔
品川 徹　長澤美奈子　釘宮陽一郎
プロデューサー室　白木伸子　田村智恵子　伊平容子
唯野周平　奥田千晶
プロデューサー見習い　川上量生

広報　橋田 真　栗原節子　伊藤 望
西村由美子　机 ちひろ　小林一美
内藤まゆ
キャラクター商品開発　今井知己　浅野宏一　安田美香
熱田尚美

出版担当　田居 因
出版　額田久徳　齊藤睦志　平林享子
森田由利　小西杏子　北沢聡子
イベント担当　田中千義　三好 寛　筒井亮子
落合健造　青木貴之　高見典子

管理担当　望月雄一郎
管理　島宮美幸　伊藤久代　佐々木さとみ
山本珠実　齊藤博幸　宮坂由紀子
海老澤夏希　石井深幸　内田沙織
野村維有子　佐藤とく子　鈴木将弘
萩原朋美　保延真帆　葉山日加里
沼沢スエ子　告 きよ子　城戸啓子
岩崎俊一　澤井恒男

財務経理担当　玉川典由
財務経理　伊藤高康　一村晃夫　大塚智史
伊藤ひろみ　伊藤純子
経営企画室　稲城和実
システム・マネージメント　北川内紀幸　林 雄吾　槙原彰治

海外プロモート担当　ジェフリー・ウェクスラー　武田美樹子
海外プロモート　網崎 直　馬 彦文　津司紀子
高野聡子

監査役　中尾博隆

協力
有川結女　飯島智恵　磯前史子　伊藤秀倫
伊藤美雪　上野耕平　大竹俊夫　大山義人
岡田知子　小澤龍太郎　角張 渉　柏木吉一郎
勝島康一　門脇 湖　河瀬大作　川田 修
菊野浩樹　木俣正剛　木村佳那　木村那帆
小金澤剛康　児玉 藍　後藤慎司　古林英明
今 城幸　斎藤信恵　坂本義親　櫻井圭記
佐多美保　佐藤寿一　佐藤友紀　佐渡岳利
篠木雅博　清水重樹　首藤光典　鈴木康弘
関根聖一郎　瀬戸光唯志　高橋利之　田中英雄
種田陽平　田村恵理　寺越陽子　永井美智子
中野 聡　羽鳥好之　原田康久　平尾隆弘
広瀬春奈　深尾智美　福士 睦　ブライアン・ホワイトヘッド
保志忠郊　松下 智　松任谷玉子　宮奥 咲
宮下 博　村瀬拓男　盛谷尚也　森田正樹
森 真帆　八幡麻衣子　吉川圭三　吉川剛志
吉田勝彦　依田謙一　民族文化映像研究所

特別協賛　KDDI　アイフルホーム

特別協力　ローソン　読売新聞

宣伝プロデューサー　高橋亜希人　細川朋子

宣伝　荒尾健一　上田沙織　松木理恵子
西川由香里　篠原由樹夫　酒井源司
塚越一枝　野村由佳里
矢部 勝　小柳道代　原 美恵子
矢島 洋　折原裕之　丸山 綾
村田 一　蔦川亜希　斉藤昌一郎
渡辺文野

予告編　板垣恵一

「かぐや姫の物語」製作委員会

日本テレビ放送網
丸山公夫　城 朋子　門屋大輔
宮崎啓子　森 俊憲　岩佐直樹
畠山直人　平方真由美

電通
石井 直　高田佳夫　山本敏博
石川 豊　町田修一　池田隆一
前田章利　鈴木 聡　亀井美里

博報堂DYメディアパートナーズ
大森壽郎　小林昭夫　村田嘉邦
山本倫生　小松季弘　細谷まどか
橘 将人

ウォルト・ディズニー・ジャパン
ポール・キャンドランド　塚越隆行　高橋雅美
岸本光司　村中優子　山下幸郎
國分英孝　檀 綾子

文春ジブリ文庫

ナビゲーター　壇蜜
本文デザイン　加藤愛子（オフィスキントン）

ジブリの教科書《きょうかしょ》19　かぐや姫《ひめ》の物語《ものがたり》

2018年8月10日　第1刷

スタジオジブリ
文春文庫《ぶんしゅんぶんこ》　編

発行者　花田朋子
発行所　株式会社文藝春秋
東京都千代田区紀尾井町3-23　〒102-8008
TEL 03・3265・1211（代）
文藝春秋ホームページ　http://www.bunshun.co.jp
落丁、乱丁本は、お手数ですが小社製作部宛お送り下さい。
送料小社負担でお取替致します。

印刷・製本　図書印刷

Printed in Japan　ISBN978-4-16-812018-3　定価はカバーに表示してあります